영어를 결정하는 초등 파닉스

저자
주선이

영어교육을 전공하고, 중학교 교사, (주)대교와 (주)엔엑스씨(NXC)를 거쳐

현재 (주)캐치잇플레이에서 모바일 영어 학습 앱 '캐치잇 잉글리시'를 개발 중이다.

학습자들이 쉽고 재미있게 영어를 배울 수 있도록 다수의 영어 교재를 집필했다.

온라인 영어 프로그램 개발 및 애니메이션 개발에도 참여했다.

대표 저서

〈리드라이트 알파벳〉, 〈리드라이트 파닉스〉, 〈초등 영어를 결정하는 알파벳과 소리〉,

〈초등 영어를 결정하는 파닉스와 문장〉, 〈초등 영어를 결정하는 영문법〉, 〈기적의 영어문장 만들기〉,

〈기적의 맨처음 영단어〉, 〈기적의 영어문장 트레이닝 800〉, 〈영리한 영문법〉,

〈영리한 영문장 쓰기〉, 〈바쁜 5 · 6학년을 위한 빠른 영어특강 영어 시제 편〉 등

초등 영어를 결정하는 파닉스

저자 주선이

초판 1쇄 발행 2019년 9월 2일 **초판 7쇄 발행** 2024년 3월 4일

발행인 박효상 **편집장** 김현 **기획 · 편집** 장경희, 권순범, 이한경 **디자인** 임정현

표지, 내지 디자인 · 조판 the PAGE 박성미 **삽화** 하랑 전수정, 양소이, 주세영

마케팅 이태호, 이전희 **관리** 김태옥 **종이** 월드페이퍼 **인쇄 · 제본** 예림인쇄 · 바인딩

작곡 노한길 **녹음** YR미디어

출판등록 제10-1835호 **발행처** 사람in

주소 04034 서울시 마포구 양화로 11길 14-10 (서교동) 3F

전화 02) 338-3555(代) **팩스** 02) 338-3545 **E-mail** saramin@netsgo.com

Website www.saramin.com

책값은 뒤표지에 있습니다. 파본은 바꾸어 드립니다.

ISBN

978-89-6049-809-9 64740

978-89-6049-808-2 (set)

우아한 지적만보, 기민한 실사구시 사람in

어린이제품안전특별법에 의한 제품표시

제조자명 사람in	**전화번호** 02-338-3555
제조국명 대한민국	**주 소** 서울시 마포구 양화로 11길 14-10 3층
사용연령 5세 이상 어린이 제품	

초등 영어를 결정하는 파닉스

u_e
e gr
a i pl

사람in
saramin.com

머리말

어린 자녀를 둔 지인들로부터 "우리 아이 영어는 어떻게 시작할까요?"라는 질문을 종종 받습니다. 파닉스 책도 넘쳐나고 학원도 다양한데, 영어를 어떻게 시작해야 할지에 대한 고민은 예전 엄마표 영어를 시작할 때나 학원에서 지도하며 가졌던 저의 고민과 동일하더군요. 어린 아이들을 가르치려니 국내 교재들은 체계적인 교수법을 담아내지 못하고, 영어 원서는 지속적으로 사용하기 어려웠습니다.

그러던 중 미국의 립프로그(Leapfrog)라는 교육 회사의 한국 진출 사업을 돕는 프로젝트를 진행하면서, 당시 미국 본사에서 파송해 준 전문 강사를 통해 교육 상품 및 지도법을 따로 배울 기회가 있었습니다. 영어에서 쓰이는 의미 있는 "소리(sound)"와 "문자(letter)"를 연결시키는 이론과 단계적인 학습 방식이 주 내용이었습니다. 이는 특히 처음 영어를 배우는 아이들의 유창한 듣기와 정확한 발화를 돕고, 쓰기에 결정적인 역할을 하는 기초를 닦는 과정이었어요.

이후에는 결국 직접 별도의 교재를 만들어 파닉스를 가르쳤습니다. 그 과정에서 얻은 지식과 오랜 경험을 바탕으로 이 책을 기획하게 되었어요. 이제 주변 지인들의 질문에 자신 있게 대답할 수 있을 것 같습니다. "이 책부터 써 보세요!"라고요.

이 책의 효과를 극대화하는 방법을 알려드리고 싶습니다.

- 우선, 칭찬과 격려가 최고입니다!
- 일관성이 중요합니다! 매일, 일정한 시간, 짧게(20분 이내) 지도해 주세요.
- 단어를 한 글자씩 읽는 연습과 쓰기 연습도 병행해 주세요.
- 처음에는 단어의 의미보다 글자와 소리를 자연스럽게 익히도록 해 주세요.
- 파닉스 규칙에서 벗어난 사이트워드(sight words)도 같이 배워 보세요.
- 이 책을 2~3번 반복해서 공부하고, 점차 쉬운 영어책도 같이 읽어 보세요.
- 아이의 수준에 맞추어 처음에는 천천히, 차츰 학습량을 늘려 주세요.
- 파닉스 카드 만들기, 듣고 단어 찾기 퀴즈, 부모님과 번갈아 읽기 등 다양한 활동으로 연결해 주세요.

아이들은 학습보다 "부모님과 자신의 시공간을 공유하는 것"에 더 큰 관심이 있습니다. 공감각적인 학습 방법을 이용하면 어려운 내용도 쉽고 즐겁게 익힐 수 있습니다. 새로운 것을 배워가는 것 자체가 즐거움 경험이 되게 도와주세요.

마지막으로 책의 기획부터 마무리까지 힘든 여정을 즐거이 함께 해 준 신은실 차장님과 출판사에 감사드립니다. 엄마표 영어를 통해 즐거운 추억을 남겨준 두 자녀 — 정윤하, 정윤혁과 이 기쁨을 나누고 싶습니다. 그리고 그 길에 동행해 주신 하나님께도 감사를 드립니다.

주선이

목차

파닉스 준비운동

아이들은 영어 문장을 어떻게 읽게 될까요?

'이거 한 번 읽어볼래?'

Jake put the cap on the bed.

1 알파벳만 배웠다면?

글자를 각각 알파벳 이름으로 읽을 거예요.

"j(제이), a(에이), k(케이), e(이), p(피이)...."

2 각 글자가 내는 소리(알파벳 음가)를 배웠다면?

알파벳 각 글자가 내는 대표 소리로 읽을 수 있어요.

"j[쥐], a[애], k[크], e[에], p[프]..."

3 알파벳 음가와 파닉스(Phonics) 규칙을 배웠다면?

단어 단위로, 장모음과 단모음 규칙을 적용해서 읽을 거예요.

단, 파닉스 규칙에 적용되지 않는 단어는 잘못 읽을 수도 있어요.

"Jake[제이크], put[펏], the[쎄], cap[캡], on[안], the[쎄], bed[베드]."

4 파닉스와 사이트워드(Sight Words)까지 배웠다면?

문장을 읽을 수 있어요.

단어 뜻은 대충 알지만 문장의 정확한 의미는 모를 수 있어요.

"Jake, put[풋], the[더], cap, on the[더] bed."

"제이크, 놓다, 모자, 침대? 이게 무슨 뜻이지?"

5 파닉스+사이트워드+기본 단어+기본 문형까지 익혔다면?

문장을 술술 읽고 동시에 문장의 뜻도 알아요.

"Jake put the cap on the bed."

"아, 제이크가 모자를 침대 위에 놓았대요."

파닉스 준비운동

영어 학습의 첫걸음도 단계가 있습니다.

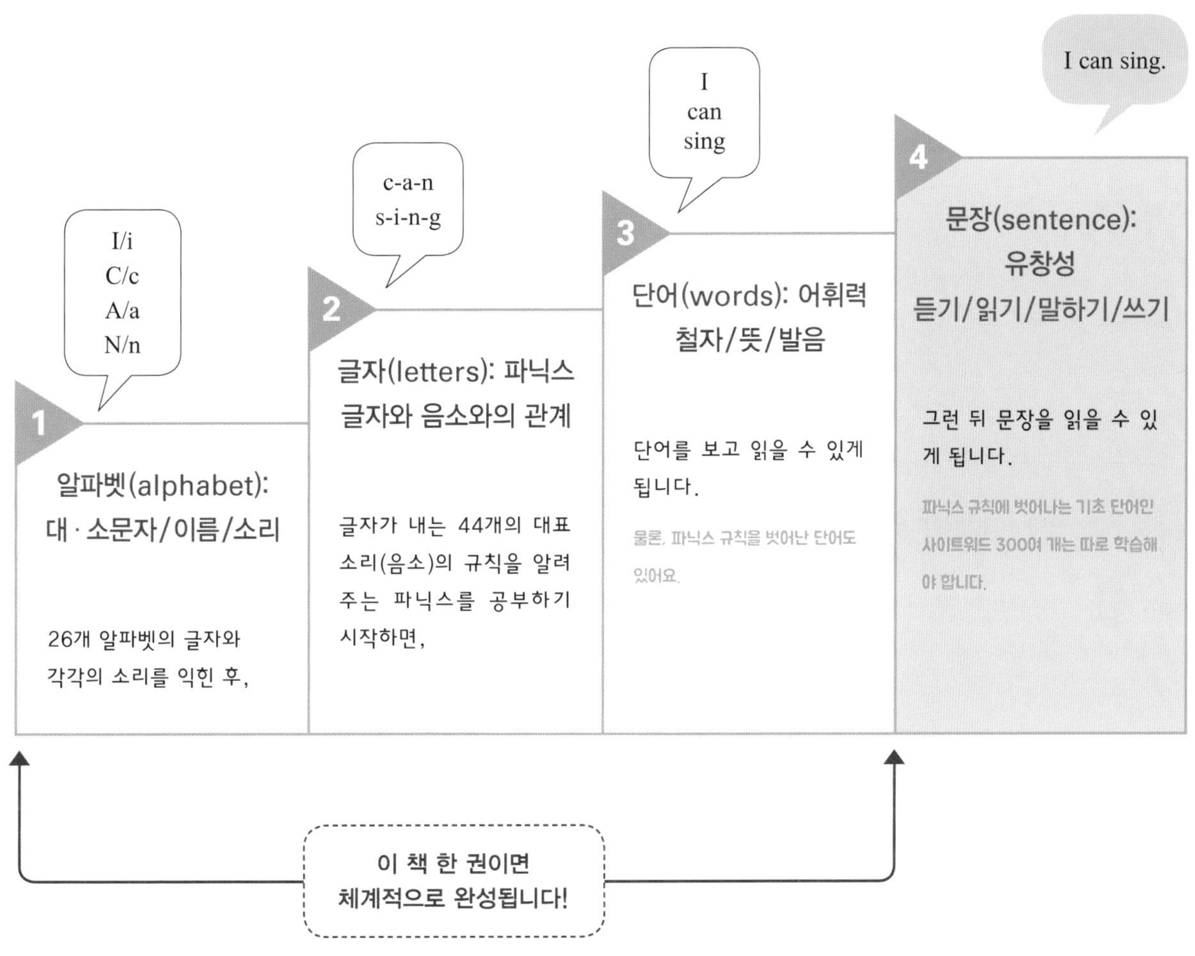

I/i
C/c
A/a
N/n
c-a-n
s-i-n-g
I
can
sing
I can sing.
1
알파벳(alphabet):
대·소문자/이름/소리
26개 알파벳의 글자와
각각의 소리를 익힌 후,
2
글자(letters): 파닉스
글자와 음소와의 관계
글자가 내는 44개의 대표
소리(음소)의 규칙을 알려
주는 파닉스를 공부하기
시작하면,
3
단어(words): 어휘력
철자/뜻/발음
단어를 보고 읽을 수 있게
됩니다.
물론, 파닉스 규칙을 벗어난 단어도
있어요.
4
문장(sentence):
유창성
듣기/읽기/말하기/쓰기
그런 뒤 문장을 읽을 수 있
게 됩니다.
파닉스 규칙에 벗어나는 기초 단어인
사이트워드 300여 개는 따로 학습해
야 합니다.
이 책 한 권이면
체계적으로 완성됩니다!

따라서, 어떻게 시작하느냐가 아주 중요합니다!

첫째, 알파벳을 그 이름이 아닌 소리와 연결하여 가르쳐야 합니다.

둘째, 체계적인 파닉스 학습을 통해 영어 읽기의 원리를 가르쳐야 합니다.

셋째, '글자를 보고 읽기(디코딩/해독: decoding)'와

'듣고 글자로 옮겨 쓰기(인코딩/부호화: encoding)'도 연습해야 합니다.

→ **처음 보는 단어도 읽을 수 있고, 듣기와 말하기가 정확해지며, 쓰기가 쉬워집니다.**

파닉스 준비운동

파닉스란 무엇인가요?

파닉스(Phonics)란 소리와 글자 사이의 규칙을 기초로 읽기와 쓰기를 지도하는 방법입니다. 파닉스의 목표는 읽기를 막 시작한 아이들이 소리를 듣고 소리가 나타내는 글자를 읽고 쓸 줄 아는 능력을 단기간에 기르는 데 있습니다.

파닉스의 기초 원리는 무엇인가요?

원리 1 *하나의 음소는 하나 또는 둘 이상의 글자와 대응해요.*

예를 들면, [g / ㄱ]는 g, [ʃ / 쉬]는 sh(두 글자), [θ / ㅆ]은 th(두 글자)와 대응해요.

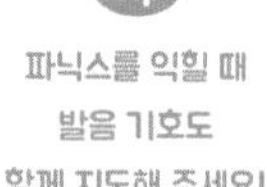
Tip
파닉스를 익힐 때
발음 기호도
함께 지도해 주세요!

원리 2 *하나의 음소에 대응하는 글자는 여러 개일 수 있어요.*

예를 들면, [uː / 우ː]에 대응하는 글자는 u, ue, oo, ew, ough 등이고, [ei / 에이]에 대응하는 글자는 ai, ay, ey, eigh 등이에요.

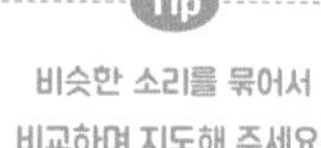
Tip
비슷한 소리를 묶어서
비교하며 지도해 주세요!

원리 3 *동일한 글자의 조합이 하나 이상의 음소를 나타낼 수 있어요.*

예를 들면, ea는 mean에서는 [iː / 이ː], deaf에서는 [e / 에] 소리가 나요.

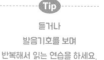

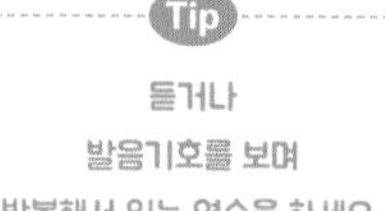
Tip
듣거나
발음기호를 보며
반복해서 읽는 연습을 하세요.

파닉스는 어떻게 가르쳐야 하나요?

지도법 1 *규칙을 명확하게 알려줍니다.*

본 책에서는 제목에서부터 학습 목표를 명확하게 제시하고 규칙을 도식화해서 쉽게 이해할 수 있도록 했습니다.

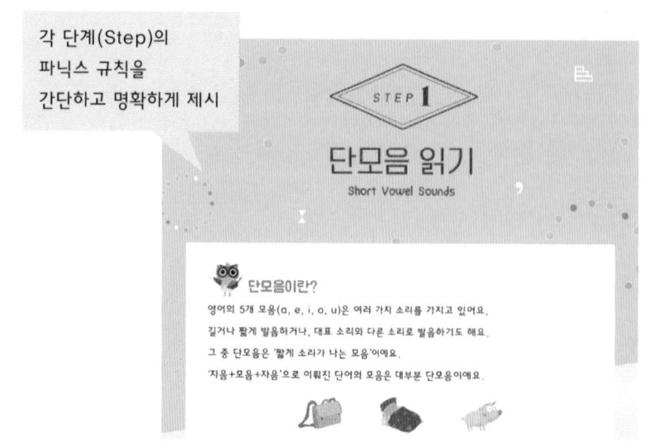
각 단계(Step)의
파닉스 규칙을
간단하고 명확하게 제시
STEP 1
단모음 읽기
Short Vowel Sounds
단모음이란?
영어의 5개 모음(a, e, i, o, u)은 여러 가지 소리를 가지고 있어요.
길거나 짧게 발음하거나, 대표 소리와 다른 소리로 발음하기도 해요.
그 중 단모음은 '짧게 소리가 나는 모음'이에요.
'자음+모음+자음'으로 이뤄진 단어의 모음은 대부분 단모음이에요.

unit 1
bad
매 유닛 도입부에
각 파닉스 규칙을
도식화해서 소개
글자와 소리
a
+d
= ad
+g
= ag
+m
= am
+n
= an

지도법 2 *교육적 고려에 따른 순서대로 가르쳐줍니다.*

본 책에서는 각 알파벳의 소리를 먼저 익힌 후(0단계), 단모음(1단계), 장모음(2단계), 이중자음(3단계), 이중모음(4단계)을 읽는 법을 배웁니다. '글자-소리-단어' 순서로 학습이 진행되며, 읽기 연습 후 쓰기 연습으로 이어집니다.

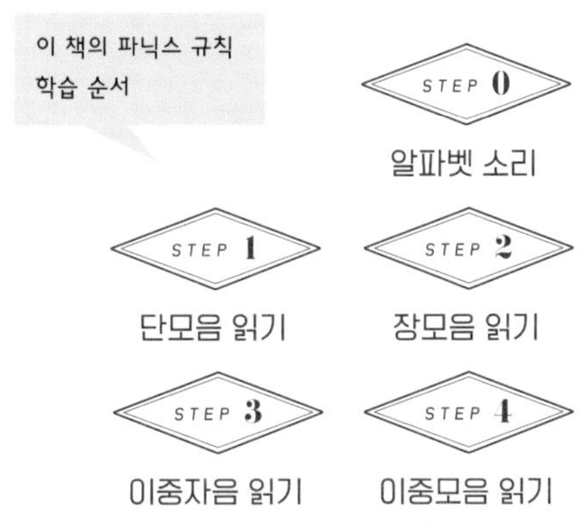
이 책의 파닉스 규칙 학습 순서
STEP 0
알파벳 소리
STEP 1
단모음 읽기
STEP 2
장모음 읽기
STEP 3
이중자음 읽기
STEP 4
이중모음 읽기

'글자와 소리' 다음 '단어와 소리' 순서로 학습
글자와 소리
소리를 듣고 글자를 따라 읽어 보세요.
+d = ad
+g = ag
+m = am
전체 읽기 연습 후 철자와 뜻 써보기
단어와 소리
bad
나쁜

지도법 3 *파닉스 규칙을 읽기 활동에 적용합니다.*

본 책에서는 한 단어씩 읽고 쓰는 연습 외에도 여러 단어를 비교하여 읽기, 연습문제 및 총복습을 제공하여 다양하고 반복적인 읽기 학습이 가능합니다.

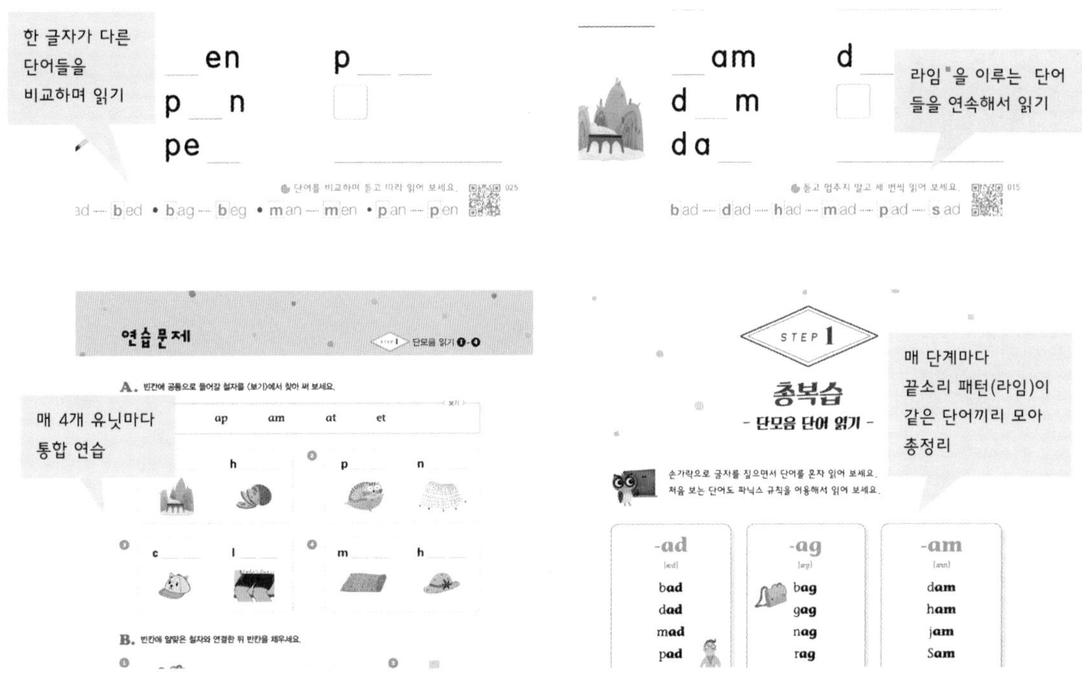
한 글자가 다른 단어들을 비교하며 읽기
라임*을 이루는 단어들을 연속해서 읽기
연습 문제
단모음 읽기
매 4개 유닛마다 통합 연습
STEP 1
총복습
- 단모음 단어 읽기 -
매 단계마다 끝소리 패턴(라임)이 같은 단어끼리 모아 총정리
-ad
bad
dad
mad
pad
-ag
bag
gag
nag
rag
-am
dam
ham
jam
Sam

*라임(rhyme): 단어의 마지막 운을 맞추는 것

파닉스 준비운동

알파벳을 읽어봐요!

Aa
[에이]
Bb
[비이]
Cc
[씨이]
Dd
[디이]
Ee
[이이]
Ff
[에프]
Gg
[쥐이]
Hh
[에이취]
Ii
[아이]
Jj
[줴이]
Kk
[케이]
Ll
[엘]
Mm
[엠]
Nn
[엔]
Oo
[오우]
Pp
[피이]
Qq
[큐우]
Rr
[알]
Ss
[에스]
Tt
[티이]
Uu
[유우]
Vv
[뷔]
Ww
[더블유]
Xx
[엑스]
Yy
[와이]
Zz
[쥐]

파닉스 준비운동

알파벳의 자음과 모음을 구분해요!

알파벳 26글자 중 Aa Ee Ii Oo Uu 5개가 모음이에요.

나머지 21글자는 자음이에요. 아래 알파벳에서 모음을 찾아보세요.

N	b	z	U	C	k	Q	s	l
a	d	o	L	m	q	T	E	x
K	f	u	A	p	W	M	I	e
i	v	S	q	a	k	Z	O	G

♪ 파닉스 송(Phonics Song)

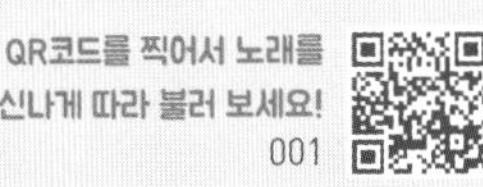
QR코드를 찍어서 노래를
신나게 따라 불러 보세요!
001

A B C D
E F G
H I J K
L M N O P
Q R S
T U V
W X Y and Z
Every letter makes a sound.
Now let's learn about the sounds!

A B C D [æ] [b] [k] [d]
E F G [e] [f] [g]
H I J K [h] [ɪ] [ʤ] [k]
L M N [l] [m] [n]
O P Q R [ɑ] [p] [kw] [r]
S T U V [s] [t] [ʌ] [v]
W X Y and Z [w] [ks] [j] and [z]
We can read and write words!

알파벳 소리

Single-letter Sounds

1 모음 한 글자만 읽어봐요!

002

26개의 알파벳 중 5개가 모음이에요. ‘Aa, Ee, Ii, Oo, Uu.’

글자의 이름은 ‘에이, 이, 아이, 오, 유’지만 단어에서 소리가 날 때는 달라요. 음악 시간 발성 연습 때 부르는 [아–에–이–오–우]는 이탈리아어로 읽을 때 발음이랍니다. 영어로는 [애–에–이–아–어]라고 읽어요.

Aa is for apple

Ee is for egg

Ii is for ink

Oo is for owl

Uu is for uncle

글자와 소리

003

듣고 입 모양 그림을 보면서 정확히 따라 읽어 보세요.

Aa	Ee	Ii	Oo	Uu
[æ]	[e]	[ɪ]	[ɑ]	[ʌ]
● [æ]는 우리말 [애]보다 턱을 아래로 더 당겨서 입을 크게 벌리고 발음해요.	● [e]는 입술을 옆으로 최대한 벌리고 우리말 [에]처럼 발음해요.	● [ɪ]는 우리말 [이]보다 혀를 좀 더 높게 올리고 짧게 발음해요.	● [ɑ]는 우리말 [아] 상태에서 입을 더 크게 벌리고 입 속 아랫부분을 혀로 누르면서 발음해요.	● [ʌ]는 우리말 [어]와 비슷하나 혀의 위치를 좀 더 낮추어 발음해요.

한 글자 읽기
a
연습

손가락으로 글자를 짚으면서 혼자 읽어 보세요.

a	i	e	u	o
u	a	o	e	i
i	u	a	o	e

0단계

알파벳 소리

2 자음+모음
두 글자를 읽어봐요!

알파벳 자음은 각각 어떤 소리(발음)가 날까요?

여기서 힌트 하나! 자음은 그 알파벳의 이름을 떠올리면 소리를 기억하기 더 쉬워요.

B (이름: **비**이)는 [ㅂ]소리

D (이름: **디**이)는 [ㄷ]소리

F (이름: **에**프)는 [ㅍ]소리

b와 v의 소리를 한글로는 똑같이 [ㅂ], f와 p의 소리를 한글로는 똑같이 [ㅍ]라고 표시하지만, 실제 영어 발음은 달라요.

글자와 소리

004 

듣고 따라 읽은 후, 손가락으로 글자를 하나씩 짚으면서 혼자 읽어 보세요.

자음 뒤에 붙는 모음은 [애–에–이–아–어]로 발음해요!

Bb

[b / ㅂ]

● 양 입술을 붙였다가 떼면서 [ㅂ]로 발음해요.

b - a ···› b a

b - e ···› b e

b - i ···› b i

b - o ···› b o

b - u ···› b u

bear

box

Pp

[p / ㅍ]

● 양 입술을 붙였다가 떼면서 터지는 소리로 [ㅍ]로 발음해요.

p - a ···› p a

p - e ···› p e

p - i ···› p i

p - o ···› p o

p - u ···› p u

pear

pink

Dd

[d /ㄷ]

● 혀끝을 윗니 뒤에 붙였다가 떼며 [ㄷ]처럼 발음해요.

d - a ···› da

d - e ···› de

d - i ···› di

d - o ···› do

d - u ···› du

dig

dot

Tt

[t /ㅌ]

● 혀를 윗니 뒤의 잇몸에 닿게 한 후 공기를 터뜨리면서 [ㅌ]처럼 발음해요.

t - a ···› ta

t - e ···› te

t - i ···› ti

t - o ···› to

t - u ···› tu

tie

toe

Cc / Kk

[k /ㅋ]

● 혀뿌리를 입천장에 닿았다가 떼면서 [ㅋ] 소리를 내요.

c - a ···› ca

k - e ···› ke

k - i ···› ki

c - o ···› co

c - u ···› cu

cat

king

Gg

[g /ㄱ]

● 우리말 [ㄱ]와 비슷한데, 혀뿌리를 입천장에 닿게 해서 소리를 내요.

g - a ···› ga

g - e ···› ge

g - i ···› gi

g - o ···› go

g - u ···› gu

gift

gold

005

Ff

[f / ㅍ]

- 윗니를 아랫입술에 살짝 붙이고 그 사이로 바람을 불어 [ㅍ] 소리를 내요.

f - a ⋯▸ fa

f - e ⋯▸ fe

f - i ⋯▸ fi

f - o ⋯▸ fo

f - u ⋯▸ fu

fan

fish

Vv

[v / ㅂ]

- 윗니를 아랫입술에 살짝 붙이고 그 사이로 바람을 불어 [ㅂ] 소리를 내요.

v - a ⋯▸ va

v - e ⋯▸ ve

v - i ⋯▸ vi

v - o ⋯▸ vo

v - u ⋯▸ vu

vet

veil

Mm

[m / ㅁ]

- 양 입술을 붙였다가 떼면서 [ㅁ]처럼 발음해요.

m - a ⋯▸ ma

m - e ⋯▸ me

m - i ⋯▸ mi

m - o ⋯▸ mo

m - u ⋯▸ mu

map

MILK

milk

Nn

[n / ㄴ]

- 혀를 윗니 뒤에 붙였다가 떼면서 [ㄴ]처럼 발음해요.

n - a ⋯▸ na

n - e ⋯▸ ne

n - i ⋯▸ ni

n - o ⋯▸ no

n - u ⋯▸ nu

nine

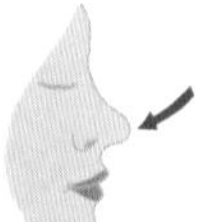

nose

Ll

[l / ㄹ]

● 우리말 [ㄹ]와 비슷한데, 앞니 뒤 잇몸에 혀끝을 붙이며 발음해요.

l - a ⋯› la

l - e ⋯› le

l - i ⋯› li

l - o ⋯› lo

l - u ⋯› lu

lamp look

Rr

[r / ㄹ]

● 혀를 입천장에 닿지 않도록 들어올리고 목구멍 쪽으로 당겨 [ㄹ]처럼 발음해요.

r - a ⋯› ra

r - e ⋯› re

r - i ⋯› ri

r - o ⋯› ro

r - u ⋯› ru

radio roof

Hh

[h / ㅎ]

● 공기를 내뿜으면서 [ㅎ]처럼 발음해요.

h - a ⋯› ha

h - e ⋯› he

h - i ⋯› hi

h - o ⋯› ho

h - u ⋯› hu

hip hot

Ww

[w / 우]

● 입술을 동그랗게 말아 앞쪽으로 내밀면서 [우]처럼 발음해요.

w - a ⋯› wa

w - e ⋯› we

w - i ⋯› wi

w - o ⋯› wo

w - u ⋯› wu

water worm

006

Ss

[s / ㅅ]

● 혀를 윗니 뒤에 붙이고 입을 옆으로 살짝 당기면서 강하고 짧게 [ㅅ]처럼 발음해요.

s - a → sa
s - e → se
s - i → si
s - o → so
s - u → su

sand

six

Zz

[z / ㅈ]

● 혀끝을 윗니 뒤 잇몸에 두고 이는 다물고 입술은 옆으로 벌리며 [ㅈ]처럼 발음해요.

z - a → za
z - e → ze
z - i → zi
z - o → zo
z - u → zu

zero

zoo

Jj

[dʒ / 쥐]

● 우리말 [쥐]에 가까운 소리예요.

j - a → ja
j - e → je
j - i → ji
j - o → jo
j - u → ju

jam

jump

Yy

[j / 이]

● 혀 가운데 부분을 입천장으로 들어올리면서 [이]처럼 발음해요.

y - a → ya
y - e → ye
y - i → yi
y - o → yo
y - u → yu

yarn

yellow

두 글자 읽기
ba
연습

손가락으로 글자를 짚으면서 혼자 읽어 보세요.

자음+모음 가로로 모두 읽어본 후, 세로로 다시 읽어 보세요.

se	fa	ro	ju
mi	ta	di	bo
na	pe	gi	ju
yu	ba	de	zi
le	vo	wu	po

모음+자음 가로로 모두 읽어본 후, 세로로 다시 읽어 보세요.

at	on	us	up
in	am	it	ad
im	un	en	ab

3 자음+모음+자음 세 글자 '단어'를 읽어봐요!

이제 '자음+모음+자음' 세 글자로 이루어진 간단한 '단어'를 읽어볼 거예요. 앞에서 배운 알파벳 소리 규칙에 따라 짧은 단어들을 어떻게 읽는지 연습해 보세요.

단어와 소리

007 

듣고 따라 읽은 후, 손가락으로 글자를 짚으면서 혼자 읽어 보세요.
처음에는 단어를 끊어서 읽은 후 두 번째는 합쳐서 읽어줘요.

Bb

ba-t ···› bat
Be-n ···› Ben
bi-g ···› big
bo-p ···› bop
bu-n ···› bun

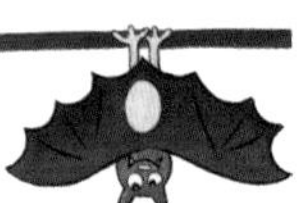
bat

BEN
Ben

Dd

da-d ···› dad
de-n ···› den
di-g ···› dig
do-t ···› dot
du-b ···› dub

dad

dig

Cc/Kk

ca-t ⋯→ cat

Ke-n ⋯→ Ken

ki-d ⋯→ kid

co-p ⋯→ cop

cu-p ⋯→ cup

kid

cup

Ff

fa-n ⋯→ fan

fe-d ⋯→ fed

fi-n ⋯→ fin

fu-n ⋯→ fun

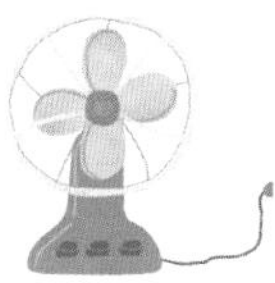
fan

fin

Gg

ga-p ⋯→ gap

ge-t ⋯→ get

gi-g ⋯→ gig

go-t ⋯→ got

gu-m ⋯→ gum

gap

gum

Hh

ha-t ⋯→ hat

he-n ⋯→ hen

hi-d ⋯→ hid

ho-t ⋯→ hot

hu-g ⋯→ hug

hat

hot

008

Jj

ja-m ···› jam

je-t ···› jet

Ji-m ···› Jim

jo-g ···› jog

ju-g ···› jug

jam

jug

Ll

la-p ···› lap

le-g ···› leg

li-p ···› lip

lo-t ···› lot

lu-g ···› lug

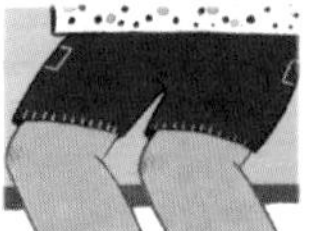
lap

leg

Mm

ma-n ···› man

me-t ···› met

mi-d ···› mid

mo-p ···› mop

mu-g ···› mug

man

mop

Nn

na-g ···› nag

ne-t ···› net

ni-p ···› nip

no-d ···› nod

nu-t ···› nut

net

nut

Pp

pa-n ···› pan

pe-n ···› pen

pi-n ···› pin

po-t ···› pot

pu-n ···› pun

pan

pot

Rr

ra-p ···› rap

re-d ···› red

ri-b ···› rib

ro-t ···› rot

ru-g ···› rug

red

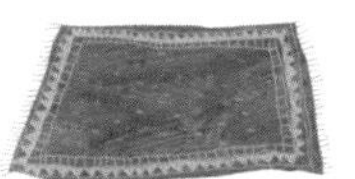
rug

Ss

sa-d ···› sad

se-t ···› set

si-t ···› sit

so-b ···› sob

su-n ···› sun

set

sun

Tt

ta-p ···› tap

te-n ···› ten

ti-n ···› tin

to-p ···› top

tu-g ···› tug

ten

top

0단계 알파벳 소리

009

Vv

va-n ··· van

ve-t ··· vet

vi-m ··· vim

van

vet

Ww

wa-g ··· wag

we-t ··· wet

wi-n ··· win

wet

win

Yy

ya-m ··· yam

ye-t ··· yet

yi-p ··· yip

yu-m ··· yum

yam

Zz

za-g ··· zag

Ze-n ··· Zen

zi-p ··· zip

zip

세 글자 단어 읽기
dad
연습

손가락으로 글자를 짚으면서 단어를 혼자 읽어 보세요.

가로로 모두 읽어본 후, 세로로 다시 읽어 보세요.

❶ ▷ ❷ ▽

dad	bet	bin	hop	bug
had	get	din	mop	dug
mad	met	fin	lop	hug
sad	pet	win	top	mug
bat	den	big	dot	bun
fat	hen	dig	hot	fun
hat	men	pig	lot	run
pat	pen	rig	not	sun

STEP 1

단모음 읽기

Short Vowel Sounds

단모음이란?

영어의 5개 모음(a, e, i, o, u)은 여러 가지 소리를 가지고 있어요.

길거나 짧게 발음하거나, 대표 소리와 다른 소리로 발음하기도 해요.

그 중 단모음은 '짧게 소리가 나는 모음'이에요.

'자음+모음+자음'으로 이뤄진 단어의 모음은 대부분 단모음이에요.

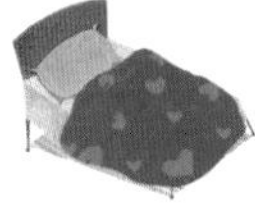

bag bed pig

단모음 패턴

010

단어에 자주 등장하는 단모음 패턴을 듣고 따라 읽어봐요.

단모음 Aa [æ/애]	-ad	-ag	-am	-an	-ap	-at
단모음 Ee [e/에]	-ed	-en	-et			
단모음 Ii [ɪ /이]	-id	-ig	-im	-in	-ip	-it
단모음 Oo [ɑ/아]	-ob	-og	-op	-ot		
단모음 Uu [ʌ/어]	-ub	-ug	-um	-un		

단모음+이중자음

011 

단모음 뒤에 이중자음이 나오는 경우도 있어요.

'mp, nd, nt'처럼 자음이 2개 또는 3개가 나란히 붙어 있는 소리를 '이중자음'이라고 해요.

이중자음은 뒤의 〈3단계〉에서 더 자세히 배워볼 거예요. 듣고 따라 읽어봐요.

-amp **-ump** **-and**

-end **-ent** **-unt**

단모음 뒤 이중자음을 읽는 3가지 규칙

012 

규칙을 확인하면서 듣고 따라 읽어봐요.

1. 반복되는 자음은 한 번만 발음해요.

-ess **-uzz** **-uff** **-ill**

2. ck는 두 글자가 [k/ㅋ]라는 하나의 소리가 나요.

-ack **-eck** **-ick** **-ock** **-uck**

3. ng는 두 글자가 [ŋ/응]이라는 하나의 소리가 나요.
nk는 [ŋk/응ㅋ] 소리가 나요.

-ang **-ing** **-ong** **-ung**

-ank **-ink** **-onk** **-unk**

단모음 **a**가 들어간 단어 ❶

글자와 소리

013

소리를 듣고 글자를 따라 읽어 보세요.

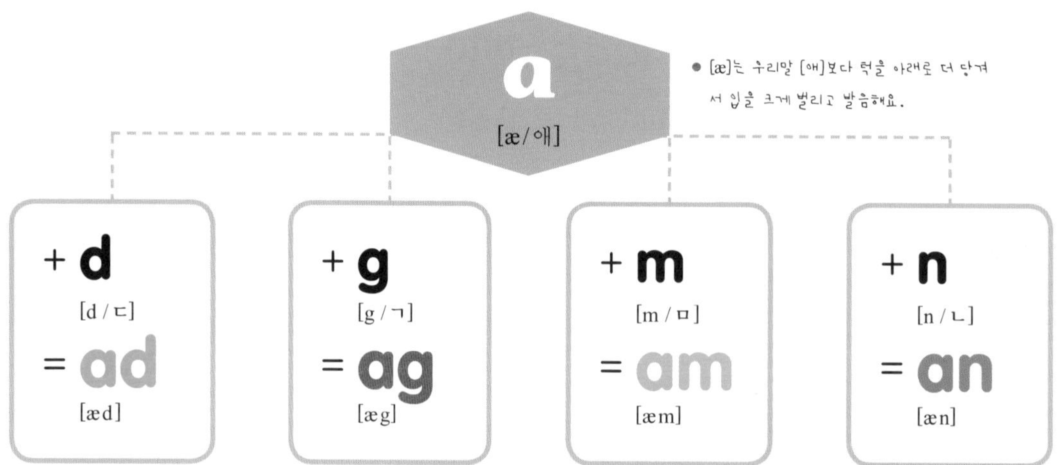

a
[æ/애]
● [æ]는 우리말 [애]보다 턱을 아래로 더 당겨서 입을 크게 벌리고 발음해요.
+ d
[d / ㄷ]
= ad
[æd]
+ g
[g / ㄱ]
= ag
[æg]
+ m
[m / ㅁ]
= am
[æm]
+ n
[n / ㄴ]
= an
[æn]

단어와 소리

014

먼저 전체 단어를 듣고 따라 읽어 보세요. 그 다음 빈칸을 채우면서 철자와 뜻을 익혀 보세요.

bad

[b / ㅂ] + [æd]
나쁜

b ad

b ___ ___

___ ad

b a d

나 쁜

dad

[d / ㄷ] + [æd]
아빠

d ad

d ___ ___

___ ad

d ___ ___

sad

[s /ㅅ]+[æd]
슬픈

___ ad
s ___ ___
___ ad

s ___ ___

___

bag

[b /ㅂ]+[æg]
가방

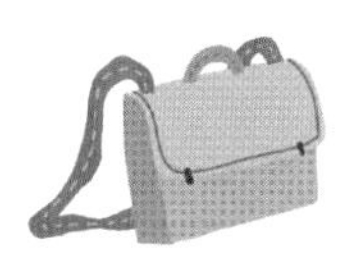

___ ag
b ___ ___
___ ag

b ___ ___

___

gag

[g /ㄱ]+[æg]
개그

___ ag
g ___ ___
___ ag

g ___ ___

___

tag

[t /ㅌ]+[æg]
꼬리표

___ ag
t ___ ___
___ ag

t ___ ___

___

dam

[d /ㄷ]+[æm]
댐

___ am
d ___ m
da ___

d ___ ___

___

듣고 멈추지 말고 세 번씩 읽어 보세요.

015

b ad ······ d ad ······ h ad ······ m ad ······ p ad ······ s ad

1단계
단모음 읽기

ham

[h /ㅎ]+[æm]
햄

__ am
h __ m
h a __

h __ __

man

[m /ㅁ]+[æn]
남자, 사람

__ an
m __ __
__ an

m __ __

pan

[p /ㅍ]+[æn]
팬

__ an
p __ __
__ an

p __ __

can

[k /ㅋ]+[æn]
깡통

__ an
c __ __
__ an

c __ __

van

[v /ㅂ]+[æn]
밴

* 밴은 뒤에 짐을 많이 실을 수 있는 차예요.

__ an
v __ __
__ an

v __ __

듣고 멈추지 말고 세 번씩 읽어 보세요. 016

ban ······ can ······ Dan ······ fan ······ man ······ pan ······ ran ······ tan ······ van

단모음 a - 1
a
복습

017 

A 잘 듣고, 들리는 단어를 찾아 동그라미 하세요.

❶ -ad	❷ -ag	❸ -am	❹ -an
bad	bag	dam	pan
dad	gag	ham	man
sad	tag		can
			van

B 그림에 해당하는 단어를 위에서 찾아 써 보세요.

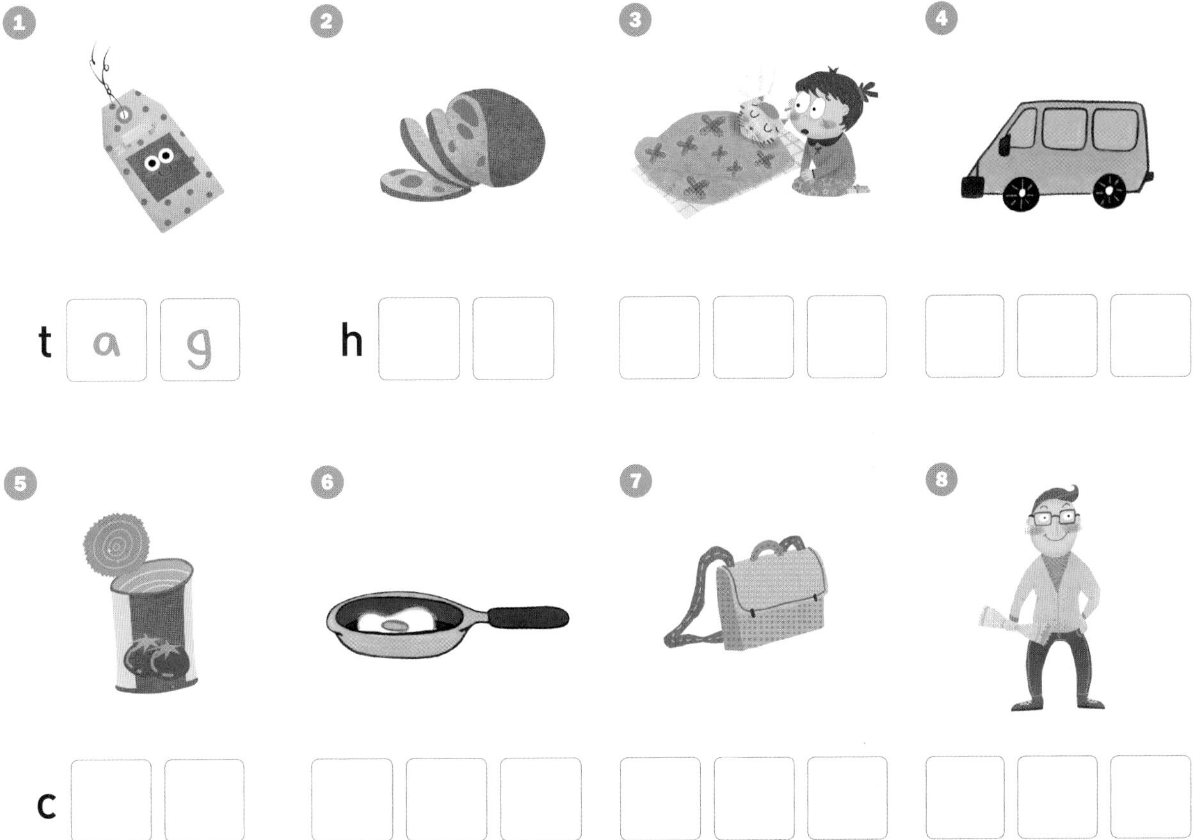
❶ t a g
❷ h
❸
❹
❺ c
❻
❼
❽

1단계
단모음 읽기

정답 p. 197

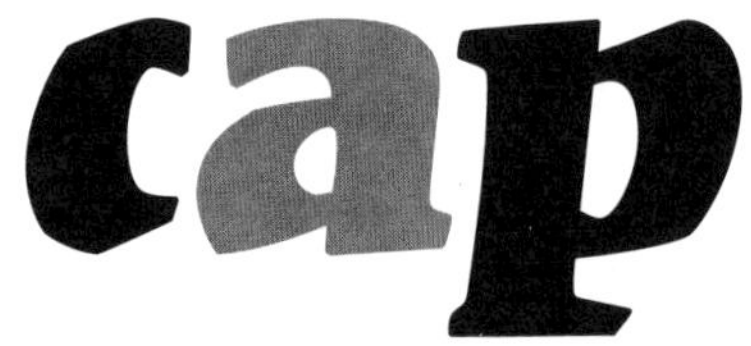

단모음 a가 들어간 단어 ❷

글자와 소리

018 

소리를 듣고 글자를 따라 읽어 보세요.

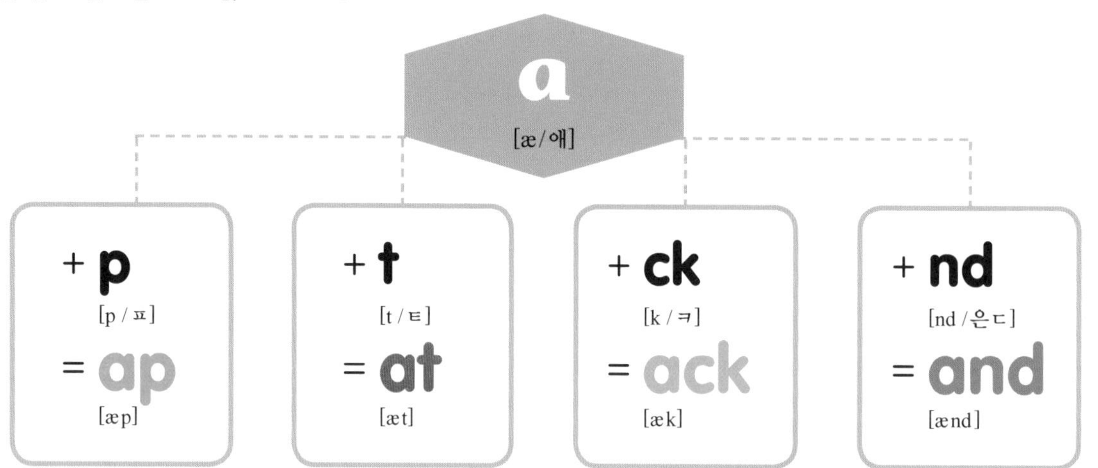
a
[æ/애]
+ p
[p / ㅍ]
= ap
[æp]
+ t
[t / ㅌ]
= at
[æt]
+ ck
[k / ㅋ]
= ack
[æk]
+ nd
[nd / 은ㄷ]
= and
[ænd]

단어와 소리

019

먼저 전체 단어를 듣고 따라 읽어 보세요. 그 다음 빈칸을 채우면서 철자와 뜻을 익혀 보세요.

cap

[k / ㅋ] + [æp]
모자

__ ap
c __ __
__ ap

c __ __

---

lap

[l / ㄹ] + [æp]
무릎

__ ap
l __ __
__ ap

l __ __

nap

[n /ㄴ] + [æp]
낮잠

___ ap
n ___ ___
___ ap

n ___ ___

cat

[k /ㅋ] + [æt]
고양이

___ at
c ___ ___
___ at

c ___ ___

mat

[m /ㅁ] + [æt]
돗자리, 매트

___ at
m ___ ___
___ at

m ___ ___

hat

[h /ㅎ] + [æt]
모자

___ at
h ___ t
h ___ ___

h ___ ___

back

[b /ㅂ] + [æk]
등

● ck는 [k/ㅋ]로 발음해요.

___ ack
b ___ ___ ___
___ ack

b ___ ___ ___

듣고 멈추지 말고 세 번씩 읽어 보세요. 020

cap …… gap …… lap …… map …… nap …… tap …… zap

1단계 단모음 읽기

pack

[p / ㅍ] + [æk]
짐을 싸다

___ ack

p ___ ck

pa ___ ___

p ___ ___ ___

---

sack

[s / ㅅ] + [æk]
자루

___ ack

s ___ ck

sa ___ ___

s ___ ___ ___

---

hand

[h / ㅎ] + [ænd]
손

___ and

h ___ nd

ha ___ ___

h ___ ___ ___

---

land

[l / ㄹ] + [ænd]
땅

___ and

l ___ nd

la ___ ___

l ___ ___ ___

---

sand

[s / ㅅ] + [ænd]
모래

● 모래로 만든 모래성은 'sandcastle[샌드캐슬]'이라고 해요.

___ and

s ___ nd

sa ___ ___

s ___ ___ ___

듣고 멈추지 말고 세 번씩 읽어 보세요. 021

bat …… cat …… fat …… hat …… mat …… pat …… rat …… sat

단모음 a - 2
a
복습

022

A 잘 듣고, 들리는 단어를 찾아 동그라미 하세요.

1 **-ap**	2 **-at**	3 **-ack**	4 **-and**
cap	cat	back	hand
lap	hat	pack	land
nap	mat	sack	sand

B 그림에 해당하는 단어를 위에서 찾아 써 보세요.

1
2
3
4
5
6
7
8
c

1단계
단모음 읽기

정답 p. 197

단모음 *e*가 들어간 단어 ❶

글자와 소리

023

소리를 듣고 글자를 따라 읽어 보세요.

e

[e / 에]

● [e]는 입술을 옆으로 최대한 벌리고 우리말 [에]처럼 발음해요.

+ **d** [d / ㄷ] = **ed** [ed]	+ **g** [g / ㄱ] = **eg** [eg]	+ **n** [n / ㄴ] = **en** [en]	+ **t** [t / ㅌ] = **et** [et]

단어와 소리

024

먼저 전체 단어를 듣고 따라 읽어 보세요. 그 다음 빈칸을 채우면서 철자와 뜻을 익혀 보세요.

bed

[b / ㅂ] + [ed]
침대

___ ed
b ___ ___
___ ed

b ___ ___
□ □

____

red

[r / ㄹ] + [ed]
붉은

___ ed
r ___ ___
___ ed

r ___ ___
□ □

____

wed

[w /우]+[ed]
결혼하다

___ ed

w ___ ___

___ ed

w ___ ___

beg

[b /ㅂ]+[eg]
구걸하다

___ eg

b ___ ___

___ eg

b ___ ___

leg

[l /ㄹ]+[eg]
다리

___ eg

le ___

___ ___ g

l ___ ___

hen

[h /ㅎ]+[en]
암탉

___ en

h ___ n

he ___

h ___ ___

pen

[p /ㅍ]+[en]
펜

___ en

p ___ n

pe ___

p ___ ___

1단계
단모음 읽기

단어를 비교하며 듣고 따라 읽어 보세요. 025

• bad ······ bed • bag ······ beg • man ······ men • pan ······ pen

ten

[t / ㅌ]+[en]
10, 열

__ en
t __ n
te __

t __ __

10 ,

---

jet

[dʒ / 쥐]+[et]
제트기

__ et
j __ t
__ __ t

j __ __

---

net

[n / ㄴ]+[et]
그물

__ et
n __ t
__ __ t

n __ __

---

pet

[p / ㅍ]+[et]
반려동물

● '반려동물'은 집에서 가족처럼 키우는 동물을 말해요. '애완동물'보다 동물을 더 존중하는 표현이에요.

__ et
p __ t
__ __ t

p __ __

---

wet

[w / 우]+[et]
젖은

__ et
w __ t
__ et

w __ __

단어를 비교하며 듣고 따라 읽어 보세요. 026

• mat ····· met • pat ····· pet • vet ····· wet • wed ····· wet

단모음 e - 1
복습

027 

A 잘 듣고, 들리는 단어를 찾아 동그라미 하세요.

① -ed	② -eg	③ -en	④ -et
bed	beg	hen	jet
red	leg	pen	net
wed		ten	pet
			wet

B 그림에 해당하는 단어를 위에서 찾아 써 보세요.

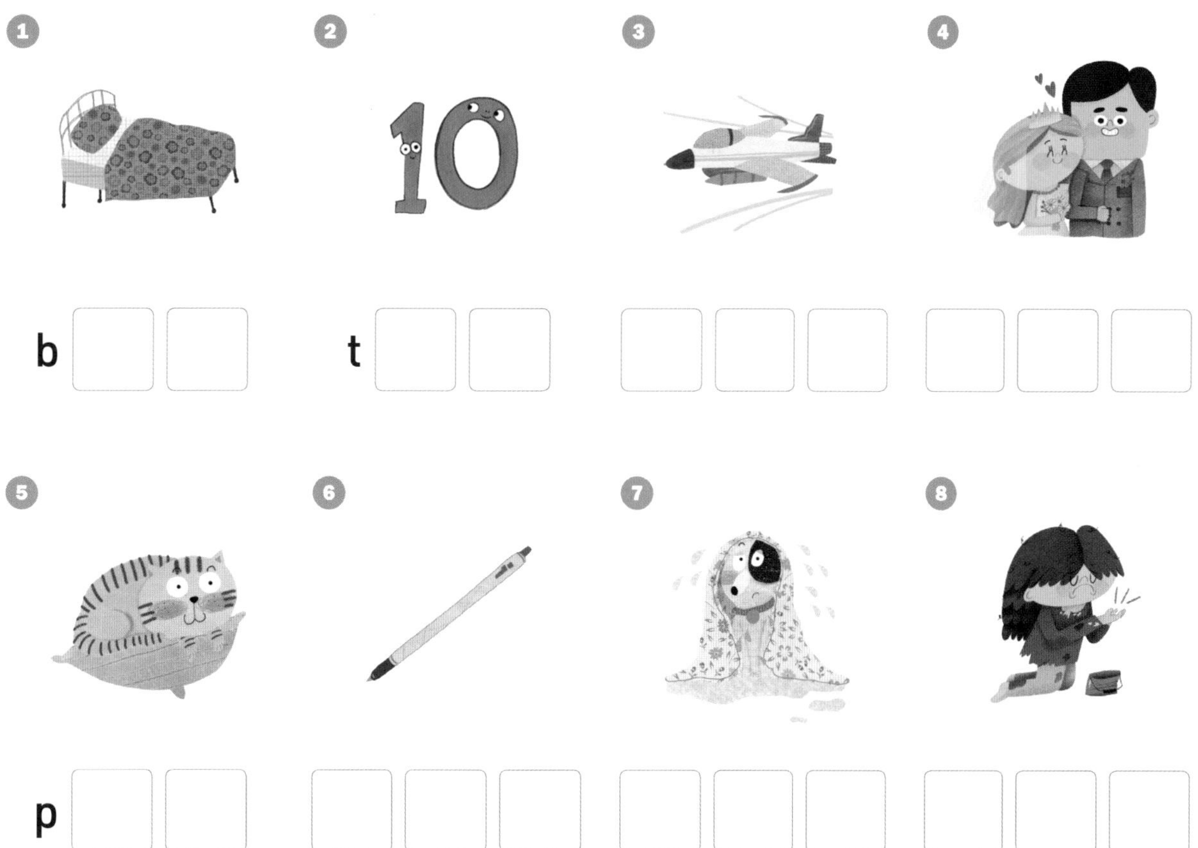
10
b
t
p

1단계
단모음 읽기

정답 p. 197

unit
4

bell

단모음 *e*가 들어간 단어 ❷

글자와 소리

028

소리를 듣고 글자를 따라 읽어 보세요.

e
[e / 에]

+ ll	+ nd	+ nt	+ st
[l / ㄹ]	[nd / 은ㄷ]	[nt / 은ㅌ]	[st / 스ㅌ]
= ell	= end	= ent	= est
[el]	[end]	[ent]	[est]

• ll은 [l/ㄹ]로 발음해요.

단어와 소리

029

먼저 전체 단어를 듣고 따라 읽어 보세요. 그 다음 빈칸을 채우면서 철자와 뜻을 익혀 보세요.

bell

[b / ㅂ] + [el]
종, 벨

__ ell
b __ __ __
__ ell

b __ __ __

sell

[s / ㅅ] + [el]
팔다

__ ell
s __ ll
se __ __

s __ __ __

tell

[t / ㅌ] + [el]
말하다

__ ell
t __ __ __
__ ell

t __ __ __

shell

[sh / 쉬] + [el]
조개껍질

__ __ ell
sh __ __ __
__ __ ell

sh __ __ __

bend

[b / ㅂ] + [end]
굽히다

__ end
b __ nd
be __ __

b __ __ __

lend

[l / ㄹ] + [end]
빌려주다

__ end
l __ nd
le __ __

l __ __ __

send

[s / ㅅ] + [end]
보내다

__ end
s __ nd
se __ __

s __ __ __

단어를 비교하며 듣고 따라 읽어 보세요. 030

- ball ······ bell
- tall ······ tell
- band ······ bend
- land ······ lend
- sand ······ send

rent

[r / ㄹ] + [ent]
집세

__ ent
r __ nt
re __ __

r __ __ __

tent

[t / ㅌ] + [ent]
텐트

__ ent
t __ nt
te __ __

t __ __ __

best

[b / ㅂ] + [est]
최고의

__ est
b __ st
be __ __

b __ __ __

rest

[r / ㄹ] + [est]
쉬다

__ est
__ __ st
re __ __

r __ __ __

test

[t / ㅌ] + [est]
시험, 검사

__ est
t __ st
te __ __

t __ __ __

단어를 비교하며 듣고 따라 읽어 보세요.

• te**n** ······ te**nt** ······ te**st** • ne**t** ······ ne**st** • re**nt** ······ re**st**

단모음 e - 2
복습

032

A 잘 듣고, 들리는 단어를 찾아 동그라미 하세요.

1 **-ell**	2 **-end**	3 **-ent**	4 **-est**
bell	bend	rent	best
sell	lend	tent	rest
tell	send		test
shell			

B 그림에 해당하는 단어를 위에서 찾아 써 보세요.

1
2
3
4
5
6
7
8
Test

정답 p. 197

1단계
단모음 읽기

연습 문제

STEP 1 단모음 읽기 ❶~❹

A. 빈칸에 공통으로 들어갈 철자를 〈보기〉에서 찾아 써 보세요.

보기

ap　　am　　at　　et

1. d ___ ___　　h ___ ___

2. p ___ ___　　n ___ ___

3. c ___ ___　　l ___ ___

4. m ___ ___　　h ___ ___

B. 빈칸에 알맞은 철자와 연결한 뒤 빈칸을 채우세요.

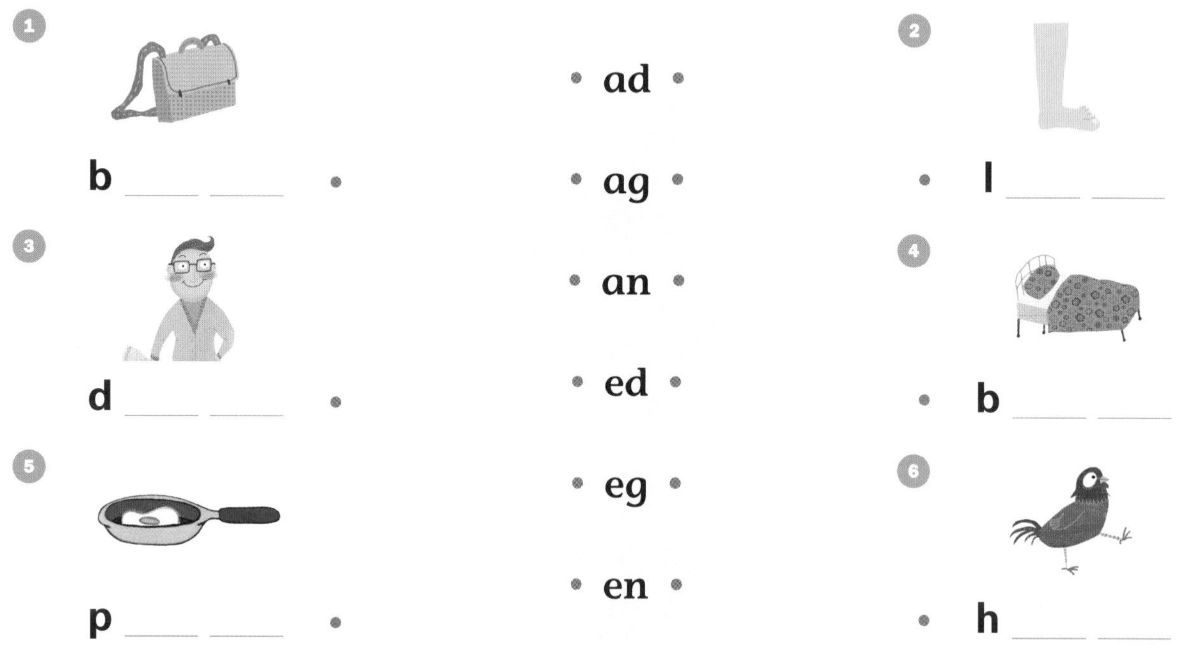

1. b ___ ___ •

2. • l ___ ___

3. d ___ ___ •

4. • b ___ ___

5. p ___ ___ •

6. • h ___ ___

• ad •
• ag •
• an •
• ed •
• eg •
• en •

C. 〈보기〉에서 알맞은 철자를 찾아 단어를 완성하세요.

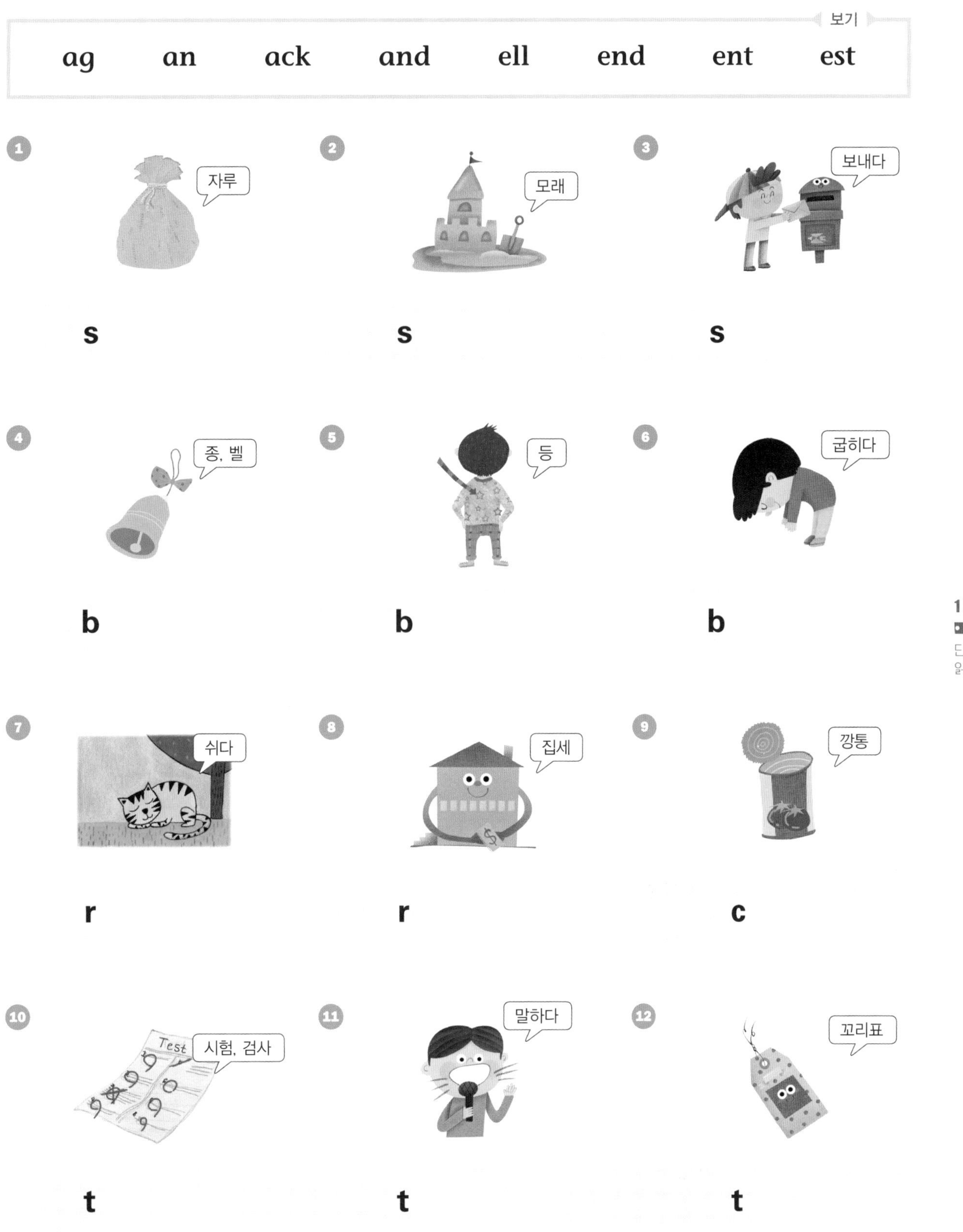

보기
ag an ack and ell end ent est
1 자루 s
2 모래 s
3 보내다 s
4 종, 벨 b
5 등 b
6 굽히다 b
7 쉬다 r
8 집세 r
9 깡통 c
10 Test 시험, 검사 t
11 말하다 t
12 꼬리표 t

1단계 단모음 읽기

정답 p. 198

unit
5

big

단모음 *i*가 들어간 단어 ❶

글자와 소리

033 

소리를 듣고 글자를 따라 읽어 보세요.

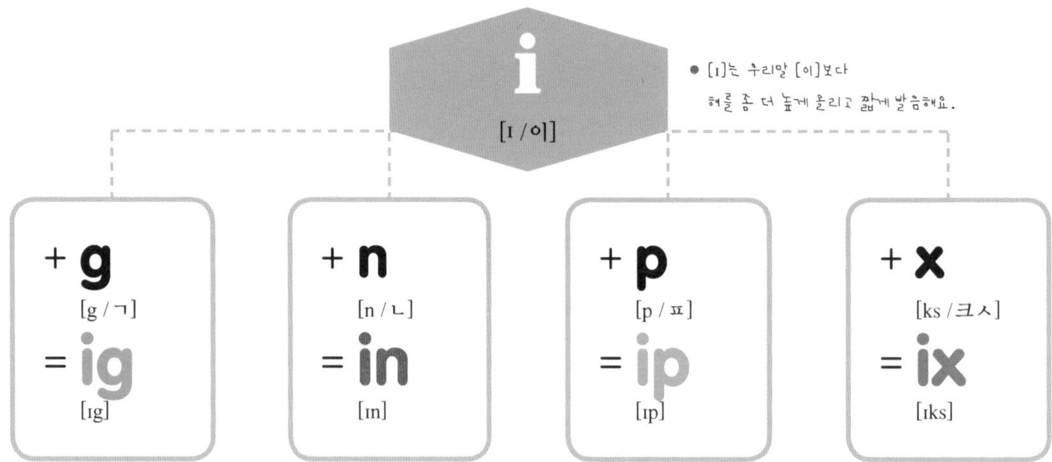
i
[ɪ / 이]
● [ɪ]는 우리말 [이]보다
혀를 좀 더 높게 올리고 짧게 발음해요.
+ g
[g / ㄱ]
= ig
[ɪg]
+ n
[n / ㄴ]
= in
[ɪn]
+ p
[p / ㅍ]
= ip
[ɪp]
+ x
[ks / ㅋㅅ]
= ix
[ɪks]

단어와 소리

034 

먼저 전체 단어를 듣고 따라 읽어 보세요. 그 다음 빈칸을 채우면서 철자와 뜻을 익혀 보세요.

big

[b / ㅂ] + [ɪg]
큰

__ ig
b __ __
__ ig

b __ __

---

pig

[p / ㅍ] + [ɪg]
돼지

__ ig
p __ __
__ ig

p __ __

wig

[w / 우] + [ɪg]
가발

__ ig

w __ __

__ ig

w __ __

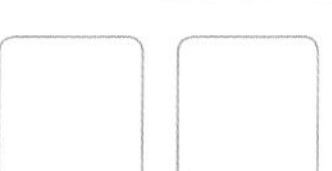

---

bin

[b / ㅂ] + [ɪn]
쓰레기통

__ in

b __ __

__ in

b __ __

---

fin

[f / ㅍ] + [ɪn]
지느러미

__ in

f __ __

__ in

f __ __

---

pin

[p / ㅍ] + [ɪn]
핀

__ in

p __ __

__ in

p __ __

---

win

[w / 우] + [ɪn]
이기다

__ in

w __ __

__ in

w __ __

1단계
단모음 읽기

단어를 비교하며 듣고 따라 읽어 보세요. 035

• bag ······ beg ······ big • pan ······ pen ······ pin • fan ······ fin • wig ······ win

dip

[d / ㄷ] + [ɪp]
잠깐 담그다

___ ip
d ___ p
di ___

d ___ ___

tip

[t / ㅌ] + [ɪp]
끝, 팁

___ ip
t ___ p
ti ___

t ___ ___

zip

[z / ㅈ] + [ɪp]
지퍼

___ ip
z ___ p
zi ___

z ___ ___

fix

[f / ㅍ] + [ɪks]
고치다

___ ix
f ___ ___
___ ix

f ___ ___

mix

[m / ㅁ] + [ɪks]
섞다

___ ix
m ___ ___
___ ix

m ___ ___

단어를 비교하며 듣고 따라 읽어 보세요. 036

• dig ...... dip • fin ...... fix • tap ...... tip • max ...... mix

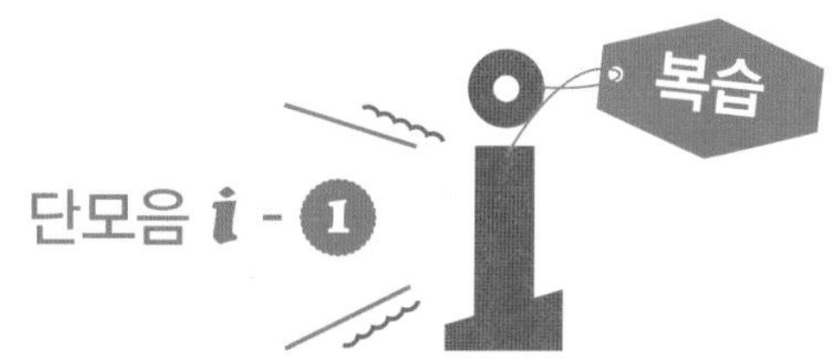
단모음 i - 1
복습

037 

A 잘 듣고, 들리는 단어를 찾아 동그라미 하세요.

1 **-ig**	2 **-in**	3 **-ip**	4 **-ix**
big	bin	dip	fix
pig	fin	tip	mix
wig	pin	zip	
	win		

B 그림에 해당하는 단어를 위에서 찾아 써 보세요.

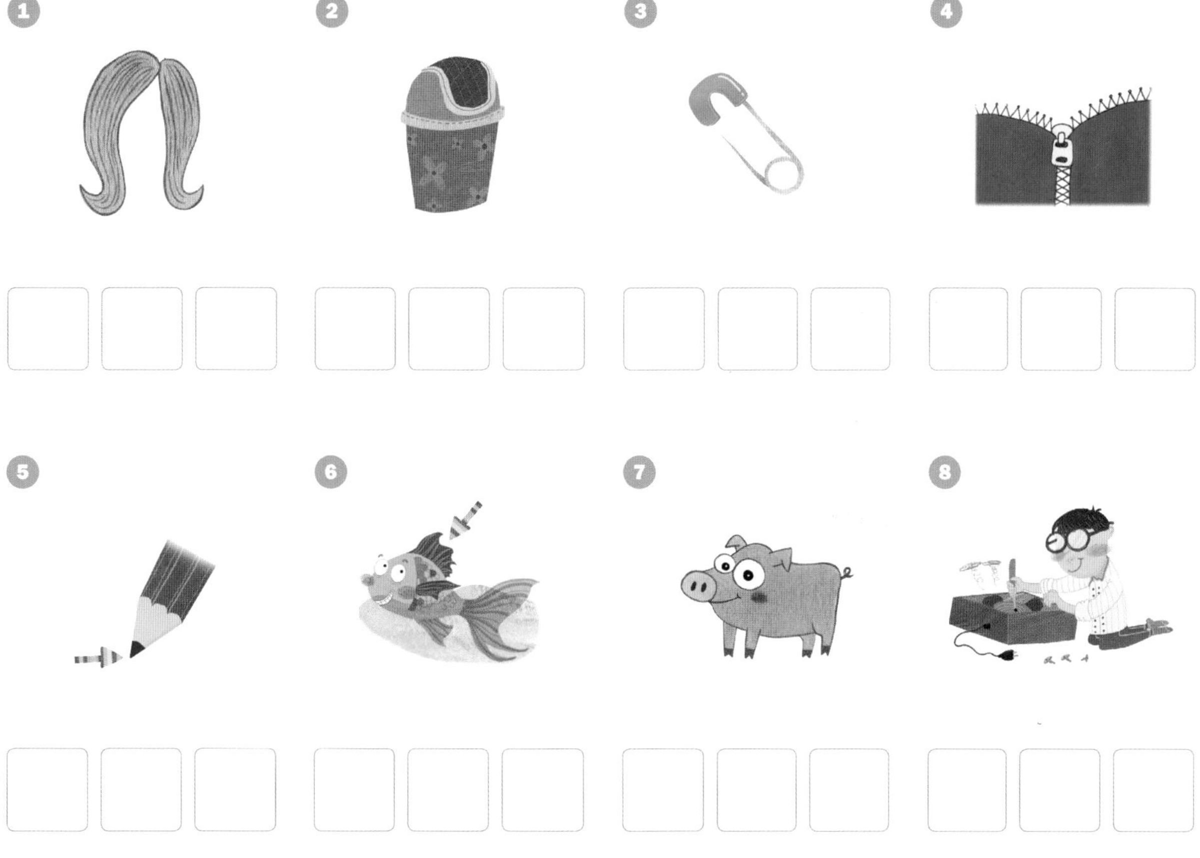

정답 p. 198

1단계
단모음 읽기

단모음 i가 들어간 단어 ❷

글자와 소리

038 

소리를 듣고 글자를 따라 읽어 보세요.

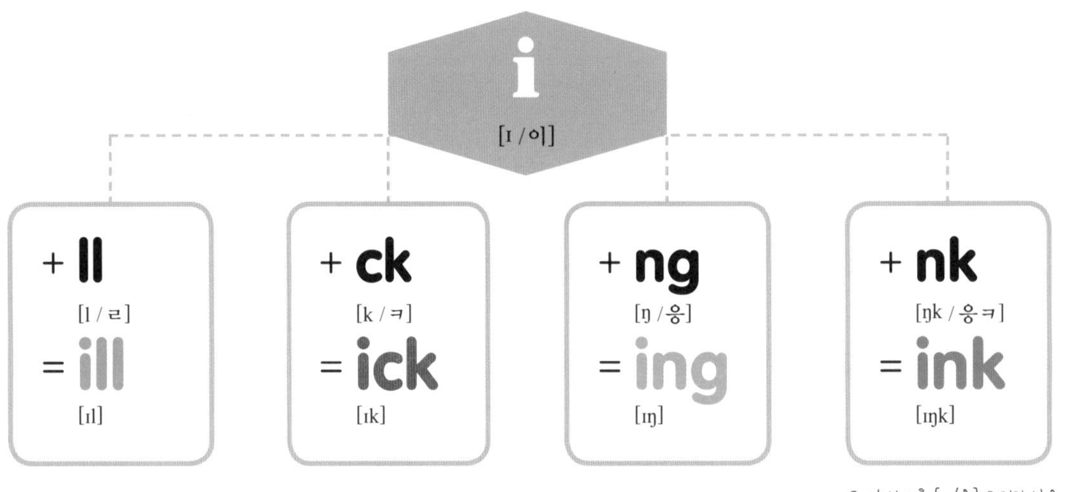

i
[ɪ / 이]
+ ll
[l / ㄹ]
= ill
[ɪl]
+ ck
[k / ㅋ]
= ick
[ɪk]
+ ng
[ŋ / 응]
= ing
[ɪŋ]
+ nk
[ŋk / 응ㅋ]
= ink
[ɪŋk]

● nk의 n은 [ŋ/응] 소리가 나요.

단어와 소리

039 

먼저 전체 단어를 듣고 따라 읽어 보세요. 그 다음 빈칸을 채우면서 철자와 뜻을 익혀 보세요.

bill

[b / ㅂ] + [ɪl]
계산서

___ ill

b ___ ll

bi ___ ___

b ___ ___ ___

fill

[f / ㅍ] + [ɪl]
채우다

___ ill

f ___ ___ ___

___ ill

f ___ ___ ___

hill

[h / ㅎ] + [ɪl]
언덕

__ ill
h __ __ __
__ ill

h __ __ __

kick

[k / ㅋ] + [ɪk]
발로 차다

__ ick
__ __ ck
k __ __ __

k __ __ __

lick

[l / ㄹ] + [ɪk]
핥다

__ ick
l __ __ __
__ ick

l __ __ __

sick

[s / ㅅ] + [ɪk]
아픈

__ ick
s __ __ __
__ ick

s __ __ __

ring

[r / ㄹ] + [ɪŋ]
반지

__ ing
r __ ng
ri __ __

r __ __ __

단어를 비교하며 듣고 따라 읽어 보세요. 040

- ball ····· bell ····· bill
- hip ····· hill
- kill ····· skill ····· pill ····· spill

sing

[s / ㅅ] + [ɪŋ]
노래하다

___ ing
s ___ ng
si ___ ___

s ___ ___ ___

wing

[w / 우] + [ɪŋ]
날개

___ ing
w ___ ng
wi ___ ___

w ___ ___ ___

link

[l / ㄹ] + [ɪŋk]
고리

___ ink
l ___ ___ ___
___ ink

l ___ ___ ___

sink

[s / ㅅ] + [ɪŋk]
가라앉다

___ ink
s ___ ___ ___
___ ink

s ___ ___ ___

wink

[w / 우] + [ɪŋk]
윙크하다

___ ink
w ___ ___ ___
___ ink

w ___ ___ ___

단어를 비교하며 듣고 따라 읽어 보세요.  041

• sin …… sing …… sink • win …… wing …… wink • in …… ink …… ill

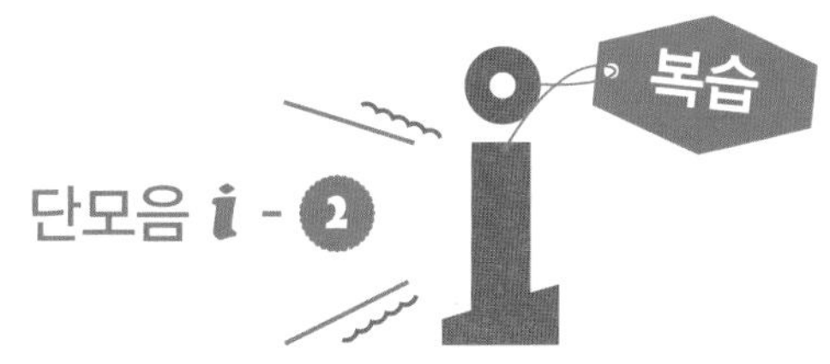
복습
단모음 i - 2

042

A 잘 듣고, 들리는 단어를 찾아 동그라미 하세요.

1 **-ill**	2 **-ick**	3 **-ing**	4 **-ink**
bill	kick	ring	link
fill	lick	sing	sink
hill	sick	wing	wink

B 그림에 해당하는 단어를 위에서 찾아 써 보세요.

1
2
3
4
5
6
7
8

1단계
단모음 읽기

정답 p. 198

unit
7

dog

단모음 **o**가 들어간 단어

글자와 소리

043 

소리를 듣고 글자를 따라 읽어 보세요.

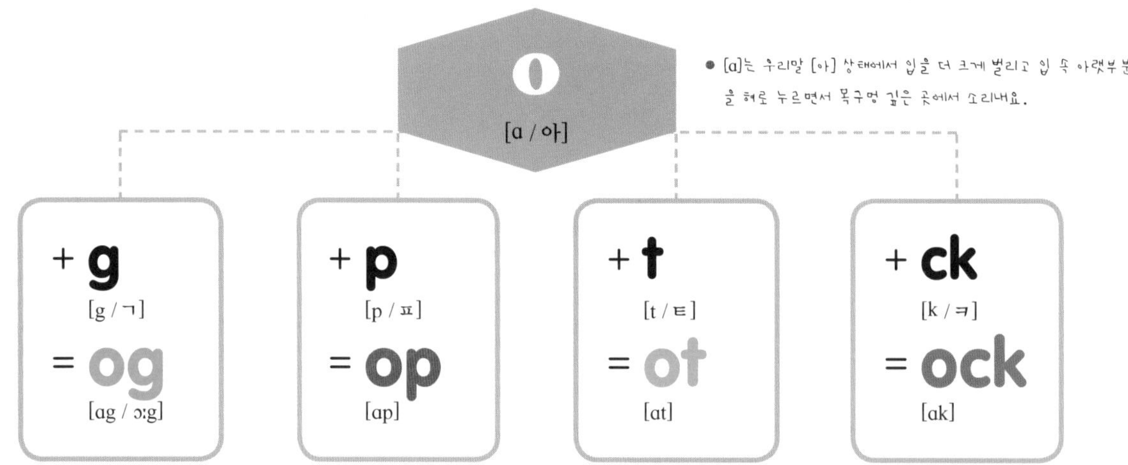
o
[ɑ / 아]
[ɑ]는 우리말 [아] 상태에서 입을 더 크게 벌리고 입 속 아랫부분을 혀로 누르면서 목구멍 깊은 곳에서 소리내요.
+ g
[g / ㄱ]
= og
[ɑg / ɔːg]
+ p
[p / ㅍ]
= op
[ɑp]
+ t
[t / ㅌ]
= ot
[ɑt]
+ ck
[k / ㅋ]
= ock
[ɑk]

● og의 o는 입을 크게 벌려 [ɔː/오:]로 발음하기도 해요.

단어와 소리

044 

먼저 전체 단어를 듣고 따라 읽어 보세요. 그 다음 빈칸을 채우면서 철자와 뜻을 익혀 보세요.

dog

[d / ㄷ] + [ɔːg]

개

___ og

d ___ ___

___ og

d ___ ___

jog

[dʒ / 줘] + [ɔːg]

조깅하다

___ og

j ___ g

jo ___

j ___ ___

log

[l / ㄹ] + [ɔːg]
통나무

___ og
l ___ g
lo ___

l ___ ___

___

hop

[h / ㅎ] + [ap]
깡충 뛰다

___ op
h ___ p
ho ___

h ___ ___

___

mop

[m / ㅁ] + [ap]
대걸레

___ op
m ___ ___
___ op

m ___ ___

___

top

[t / ㅌ] + [ap]
팽이, 꼭대기

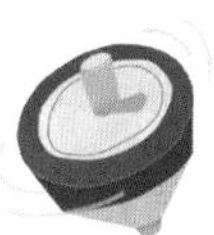

___ op
t ___ ___
___ op

t ___ ___

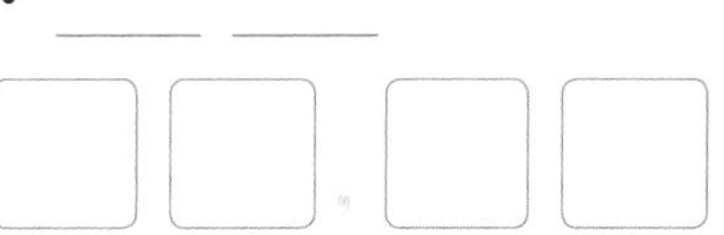

___

dot

[d / ㄷ] + [at]
점

___ ot
d ___ t
do ___

d ___ ___

___

단어를 비교하며 듣고 따라 읽어 보세요. 045

• dig ······ dog ······ dug • log ······ long

• hip ······ hop • tip ······ top

1단계
단모음 읽기

pot

[p / ㅍ] + [ɑt]
냄비

__ ot
p __ t
po __

p __ __

lock

[l / ㄹ] + [ɑk]
자물쇠

__ ock
l __ ck
lo __ __

l __ __ __

rock

[r / ㄹ] + [ɑk]
바위

__ ock
r __ ck
ro __ __

r __ __ __

sock

[s / ㅅ] + [ɑk]
양말

__ ock
s __ ck
so __ __

s __ __ __

clock

[kl / 클ㄹ] + [ɑk]
시계

__ __ ock
cl __ ck
clo __ __

cl __ __ __

단어를 비교하며 듣고 따라 읽어 보세요. 046

- lack ······ lick ······ lock ······ luck
- sack ······ sick ······ sock ······ suck

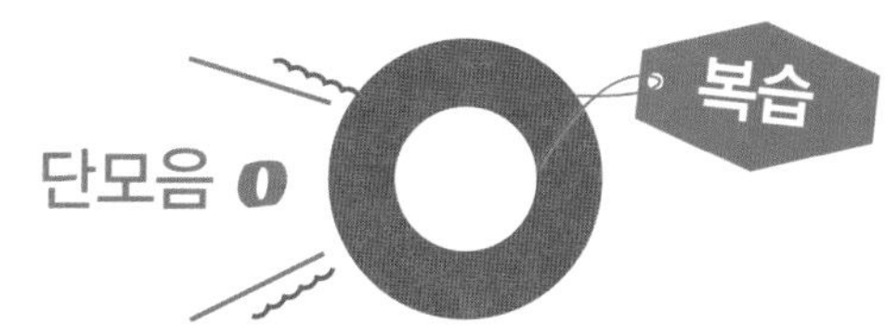
단모음 o
복습

047

A 잘 듣고, 들리는 단어를 찾아 동그라미 하세요.

❶ -og	❷ -op	❸ -ot	❹ -ock
dog	hop	dot	lock
jog	mop	pot	rock
log	top		sock
			clock

B 그림에 해당하는 단어를 위에서 찾아 써 보세요.

1
2
3
4
5
6
7
8

1단계
단모음 읽기

정답 p. 199

단모음 ***u***가 들어간 단어

글자와 소리

048

소리를 듣고 글자를 따라 읽어 보세요.

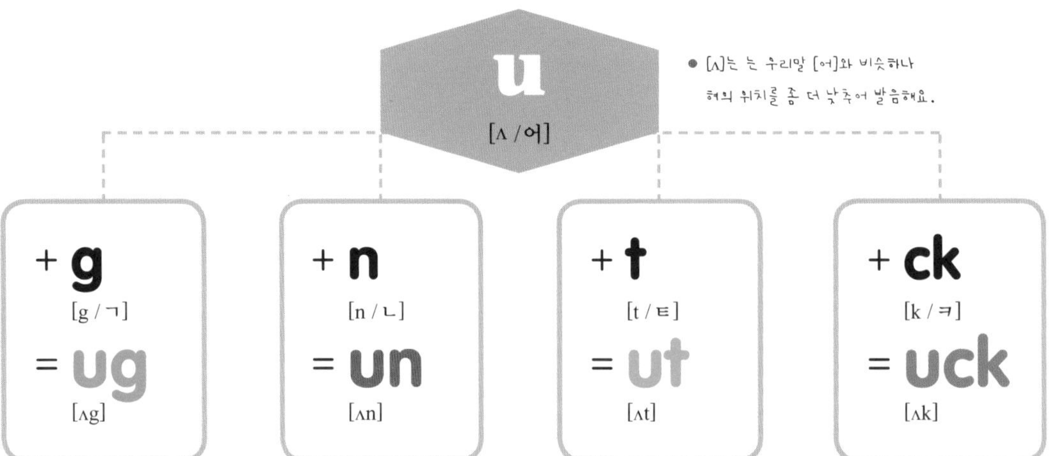

u
[ʌ / 어]
● [ʌ]는 는 우리말 [어]와 비슷하나 혀의 위치를 좀 더 낮추어 발음해요.
+ g
[g / ㄱ]
= ug
[ʌg]
+ n
[n / ㄴ]
= un
[ʌn]
+ t
[t / ㅌ]
= ut
[ʌt]
+ ck
[k / ㅋ]
= uck
[ʌk]

단어와 소리

049

먼저 전체 단어를 듣고 따라 읽어 보세요. 그 다음 빈칸을 채우면서 철자와 뜻을 익혀 보세요.

bug

[b / ㅂ] + [ʌg]
벌레

__ ug
b __ __
__ ug

b __ __
☐☐

____

---

hug

[h / ㅎ] + [ʌg]
껴안다

__ ug
h __ __
__ ug

h __ __
☐☐☐

____

mug

[m / ㅁ] + [ʌg]
머그컵

__ ug
m __ __
__ ug

m __ __

rug

[r / ㄹ] + [ʌg]
깔개

__ ug
r __ __
__ ug

r __ __

gun

[g / ㄱ] + [ʌn]
총

__ un
g __ __
__ un

g __ __

run

[r / ㄹ] + [ʌn]
달리다

__ un
r __ __
__ un

r __ __

sun

[s / ㅅ] + [ʌn]
태양

__ un
s __ n
su __

s __ __

단어를 비교하며 듣고 따라 읽어 보세요. 050

- rub ······ rug ······ run
- bud ······ bug ······ bun ······ bus ······ but

1단계 단모음 읽기

cut

[k / ㅋ] + [ʌt]
자르다

__ ut
c __ t
cu __

c __ __

hut

[h / ㅎ] + [ʌt]
오두막

__ ut
h __ t
hu __

h __ __

duck

[d / ㄷ] + [ʌk]
오리

__ uck
d __ __ __
__ u __ __

d __ __ __

luck

[l / ㄹ] + [ʌk]
행운

__ uck
l __ ck
lu __ __

l __ __ __

truck

[tr / 트ㄹ] + [ʌk]
트럭

__ __ uck
tr __ __ __
__ __ uck

tr __ __ __

단어를 비교하며 듣고 따라 읽어 보세요.  051

• hat …… hit …… hot …… hut • hug …… hum • track …… trick …… truck

단모음 u
u
복습

052

A 잘 듣고, 들리는 단어를 찾아 동그라미 하세요.

① -ug	② -un	③ -ut	④ -uck
bug	gun	cut	duck
hug	run	hut	luck
mug	sun		truck
rug			

B 그림에 해당하는 단어를 위에서 찾아 써 보세요.

1
2
3
4
5
6
7
8

1단계
단모음 읽기

정답 p. 199

연습 문제

A. 빈칸에 공통으로 들어갈 철자를 〈보기〉에서 찾아 써 보세요.

보기

ig ip og op ug un

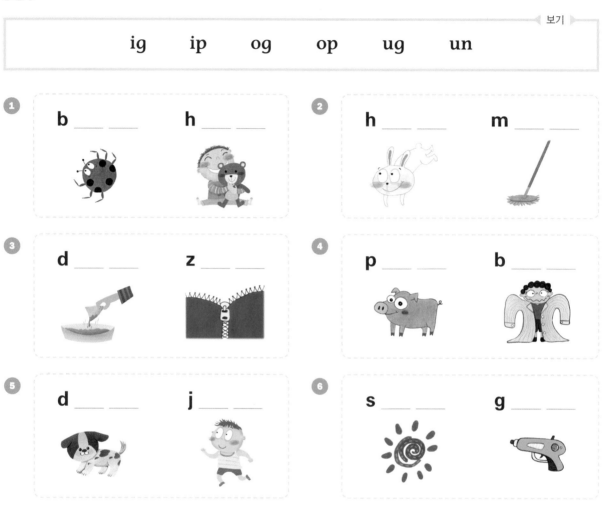

1. b ___ ___ h ___ ___

2. h ___ ___ m ___ ___

3. d ___ ___ z ___ ___

4. p ___ ___ b ___ ___

5. d ___ ___ j ___ ___

6. s ___ ___ g ___ ___

B. 빈칸에 알맞은 철자와 연결한 뒤 빈칸을 채우세요.

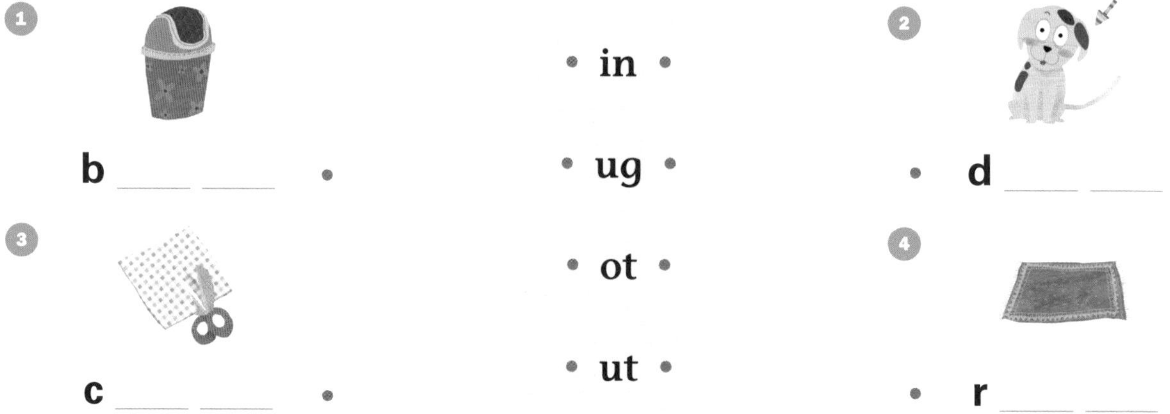
1
b ___ ___
2
d ___ ___
3
c ___ ___
4
r ___ ___
in
ug
ot
ut

C. 〈보기〉에서 알맞은 철자를 찾아 단어를 완성하세요.

보기

ig　　un　　ick　　ock　　uck　　ing　　ink

1
아픈
2
노래하다
3
가라앉다
s
s
s
4
윙크하다
5
날개
6
가발
w
w
w
7
행운
8
잠그다
9
연결하다
l
l
l
10
바위
11
반지
12
달리다
r
r
r

정답 p. 199

STEP 1

총복습

- 단모음 단어 읽기 -

손가락으로 글자를 짚으면서 단어를 혼자 읽어 보세요.
처음 보는 단어도 파닉스 규칙을 이용해서 읽어 보세요.

-ad [æd]	-ag [æg]	-am [æm]
bad	bag	dam
dad	gag	ham
mad	nag	jam
pad	rag	Sam
sad	tag	

-an [æn]	-ap [æp]	-at [æt]
can	cap	bat
fan	gap	cat
man	lap	hat
pan	map	mat
van	nap	rat

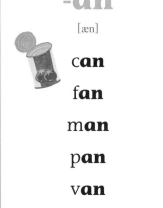

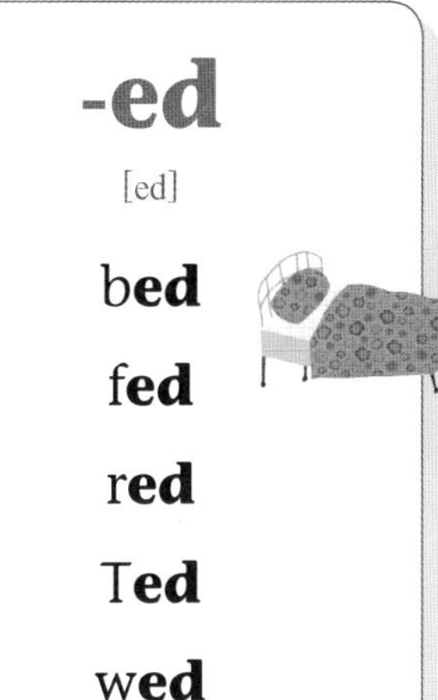

-ed
[ed]

bed
fed
red
Ted
wed

-en
[en]

Ben
hen
men
pen
ten

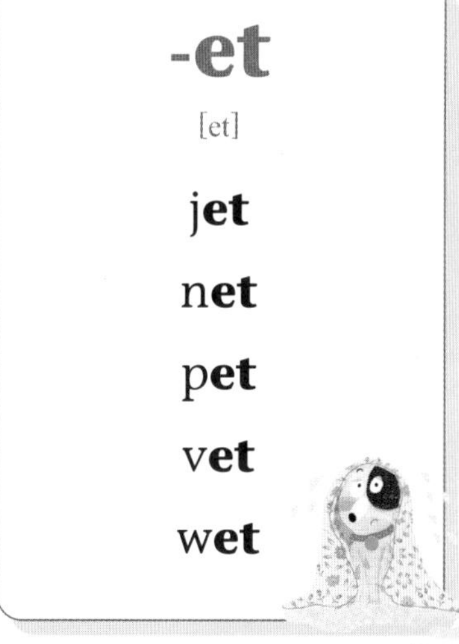

-et
[et]

jet
net
pet
vet
wet

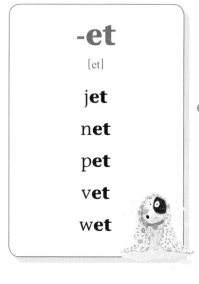

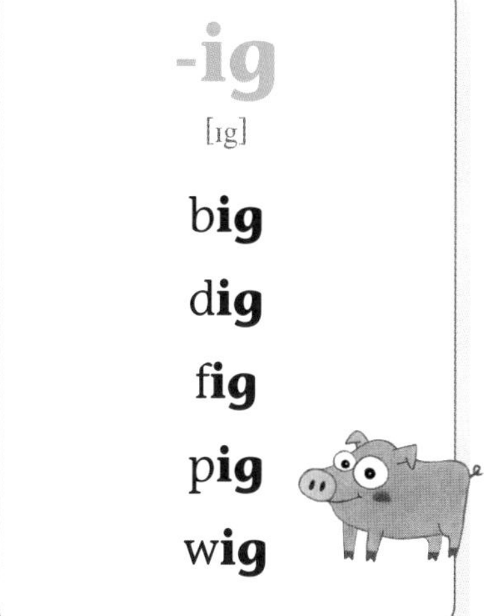

-ig
[ɪg]

big
dig
fig
pig
wig

-in
[ɪn]

bin
fin
pin
sin
win

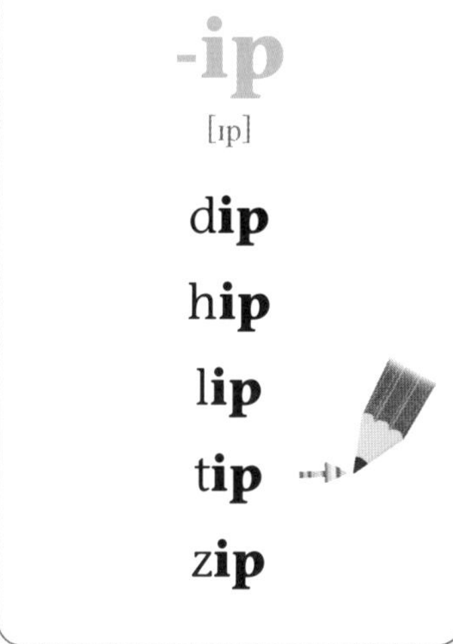

-ip
[ɪp]

dip
hip
lip
tip
zip

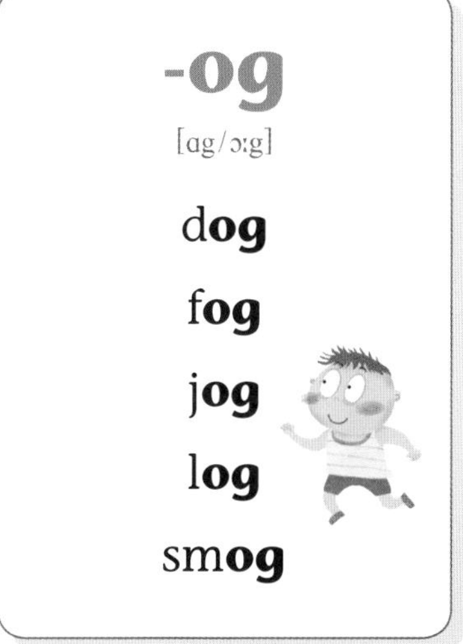

-og
[ɑg/ɔ:g]

dog
fog
jog
log
smog

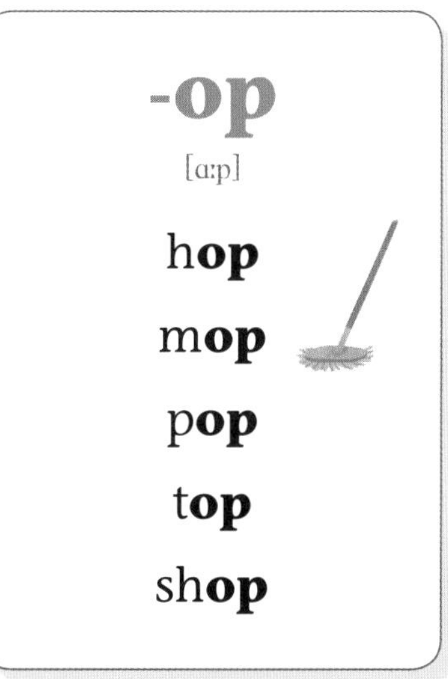

-op
[ɑ:p]

hop
mop
pop
top
shop

-ot
[ɑ(:)t]

dot
got
hot
not
pot

-ug

[ʌg]

bug
hug
mug
rug
tug

-un

[ʌn]

bun
fun
gun
run
sun

-ut

[ʌt]

but
cut
hut
nut
shut

-and

[ænd]

band
hand
land
sand
stand

-end

[end]

bend
lend
send
tend
trend

-ent

[ent]

cent
lent
rent
sent
tent

-est

[est]

best
nest
rest
test
vest

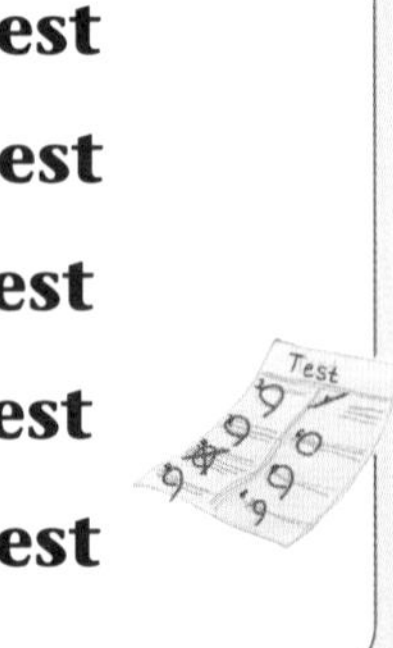
Test

-ell

[el]

bell
sell
tell
well
shell

-ill

[ɪl]

bill
fill
hill
pill
will

-ack
[æk]

b**ack**
l**ack**
p**ack**
r**ack**
s**ack**

-ick
[ɪk]

k**ick**
l**ick**
p**ick**
s**ick**
t**ick**

-ock
[ɑːk]

d**ock**
l**ock**
r**ock**
s**ock**
cl**ock**

-uck
[ʌk]

d**uck**
l**uck**
s**uck**
tr**uck**

-ing
[ɪŋ]

k**ing**
r**ing**
s**ing**
w**ing**

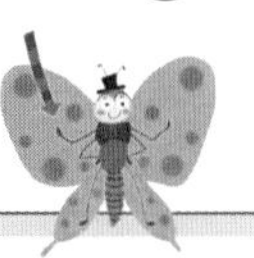

-ink
[ɪŋk]

l**ink**
p**ink**
s**ink**
w**ink**

1단계
단모음
읽기

도전!

-ang
[æŋ]

b**ang**
g**ang**
h**ang**

-ong
[ɔːŋ/ɑːŋ]

s**ong**
l**ong**
p**ong**

-ank
[æŋk]

b**ank**
r**ank**
t**ank**

-unk
[ʌŋk]

b**unk**
d**unk**
j**unk**

혼자서 잘 읽어 봤나요? 들으면서 다시 한 번 따라 읽어 보세요. 053

장모음 읽기

Long Vowel Sounds

장모음이란?

장모음은 '길게 소리가 나는 모음'이에요.

이때 앞 모음은 글자의 이름 그대로 읽어주고, 뒷 모음은 대체로 소리가 나지 않아요.

'**모음+자음+e**' 형태로 된 경우를 먼저 살펴봐요.

cage

kite

rope

tube

위 단어들의 공통점이 보이죠?

모음 e가 단어 중간에는 나오지 않고 모두 끝에만 나와요.

이때 맨 뒤에 나오는 e는 소리가 안 나요!

그래서 이때 e를 소리가 나지 않는 e 즉 '**Silent[*] e(사일런트 e)**'라고 해요.

사일런트 e

매직 e

이 e가 마술처럼 앞에 있는 모음의 소리를 바꿔줘요.

그래서 '**Magic[*] e(매직 e)**'라고도 불러요.

[*]silent 조용한 [*]magic 마법

장모음 규칙 4가지

054

단모음과 비교해서 들으면서 규칙을 배워 보세요.

1 장모음 a: 단어에 a가 있고 e로 끝날 때

→ 끝 e는 소리가 나지 않고, a는 이름처럼 [에이/eɪ] 소리가 나요.

can *vs.* **cane** **hat** *vs.* **hate**

2 장모음 i: 단어에 i가 있고 e로 끝날 때

→ 끝 e는 소리가 나지 않고, i는 이름처럼 [아이/aɪ] 소리가 나요.

pin *vs.* **pine** **bit** *vs.* **bite**

3 장모음 o: 단어에 o가 있고 e로 끝날 때

→ 끝 e는 소리가 나지 않고, o는 이름처럼 [오우/oʊ] 소리가 나요.

hop *vs.* **hope** **not** *vs.* **note**

4 장모음 u: 단어에 u가 있고 e로 끝날 때

→ 끝 e는 소리가 나지 않고, u는 이름처럼 [우:/u:] 소리가 나요.
[:]은 길게 발음하라는 뜻이에요.

cut *vs.* **cute** **tub** *vs.* **tube**

a가 있고 **e**로 끝나는 단어 ❶

글자와 소리

055

소리를 듣고 글자를 따라 읽어 보세요.

a_e

ace [eɪs]

ake [eɪk]

age [eɪʤ]

● [æ/애] 뒤에 '매직 e'가 붙으면 [eɪ/에이]로 발음해요.

단어와 소리

056

먼저 전체 단어를 듣고 따라 읽어 보세요. 그 다음 빈칸을 채우면서 철자와 뜻을 익혀 보세요.

mad *vs.* made	back *vs.* bake	lack *vs.* lake	tack *vs.* take

face

[f / ㅍ] + [eɪs]
얼굴

● c는 [k/ㅋ] 또는 [s/ㅅ] 소리가 나요. c뒤에 e 또는 i가 오면 [s]로 발음해요.

___ ace　　f ___ ___ ___

f ___ c ___

___ a ___ e

race

[r / ㄹ] + [eɪs]
경주

___ ace　　r ___ ___ ___

r ___ c ___

___ a ___ e

space

[sp / 스ㅍ] + [eɪs]
우주

___ ___ ace　sp ___ ___ ___

sp ___ c ___

___ ___ a ___ e ________

age

[eɪdʒ]
나이

___ ge　___ ___ ___

a ___ ___

___ g ___ ________

cage

[k / ㅋ] + [eɪdʒ]
새장, 우리

___ age　c ___ ___ ___

c ___ g ___

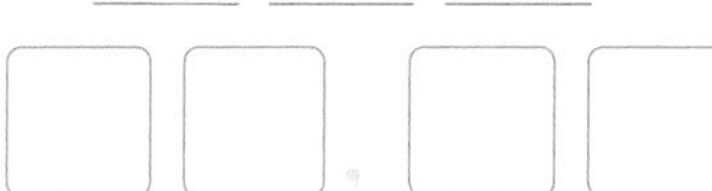

___ a ___ e ________

page

[p / ㅍ] + [eɪdʒ]
페이지, 쪽

___ age　p ___ ___ ___

p ___ g ___

___ a ___ e ________

stage

[st / 스ㅌ] + [eɪdʒ]
무대

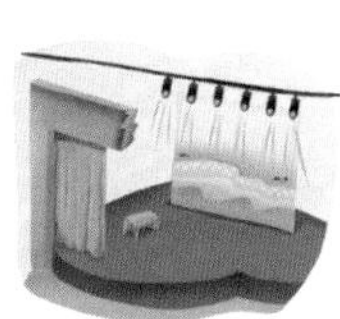

___ ___ age　st ___ ___ ___

st ___ g ___

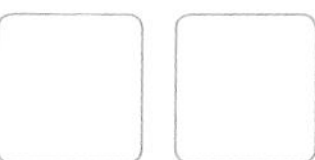

___ ___ ag ___ ________

단어를 비교하며 듣고 따라 읽어 보세요. 057

• face ····· fade ····· fake ····· fame • lace ····· lake ····· lame ····· late

2단계 장모음 읽기

bake

[b / ㅂ] + [eɪk]
굽다

__ ake　b __ __ __
b __ k __
__ a __ e

cake

[k / ㅋ] + [eɪk]
케이크

__ ake　c __ __ __
c __ k __
__ a __ e

lake

[l / ㄹ] + [eɪk]
호수

__ ake　l __ __ __
l __ k __
__ a __ e

make

[m / ㅁ] + [eɪk]
만들다

__ ake　m __ __ __
m __ k __
__ a __ e

take

[t / ㅌ] + [eɪk]
잡다

__ ake　t __ __ __
t __ k __
__ a __ e

듣고 멈추지 말고 세 번씩 읽어 보세요.

058

b ake ······ c ake ······ f ake ······ l ake ······ m ake ······ t ake ······ sh ake

장모음 a_e - 1
a_e
복습

059

A 듣고 빈칸에 들어갈 글자를 고른 뒤, 해당 그림의 번호를 쓰세요.

1 b ☐☐☐
☐ace ☑ake ☐age (2)

2 f ☐☐☐
☐ace ☐ake ☐age ( )

3 c ☐☐☐
☐ace ☐ake ☐age ( )

4 m ☐☐☐
☐ace ☐ake ☐age ( )

5 l ☐☐☐
☐ace ☐ake ☐age ( )

6 c ☐☐☐
☐ace ☐ake ☐age ( )

7 st ☐☐☐
☐ace ☐ake ☐age ( )

8 r ☐☐☐
☐ace ☐ake ☐age ( )

9 t ☐☐☐
☐ace ☐ake ☐age ( )

10 ☐☐☐
☐ace ☐ake ☐age ( )

1 2 3 4 5

6 7 8 9 10

정답 p. 200

unit 2

male

a가 있고 **e**로 끝나는 단어 ❷

글자와 소리

060

소리를 듣고 글자를 따라 읽어 보세요.

a_e

-ale [eɪl]

-ape [eɪp]

-ame [eɪm]

-ane [eɪn]

● a[æ/애] 뒤에 '매직 e'가 붙으면 [eɪ/에이]로 발음해요.

단어와 소리

061

먼저 전체 단어를 듣고 따라 읽어 보세요. 그 다음 빈칸을 채우면서 철자와 뜻을 익혀 보세요.

Sam *vs.* same	can *vs.* cane	cap *vs.* cape	tap *vs.* tape

male

[m / ㅁ] + [eɪl]
남성, 수컷

__ ale
m __ l __
__ a __ e

m __ __ __

pale

[p / ㅍ] + [eɪl]
창백한

__ ale
p __ l __
__ a __ e

p a l e

sale

[s / ㅅ] + [eɪl]
판매

Big Sale

___ ale　　s ___ ___ ___

s ___ l ___　　☐ ☐

___ a ___ e　　________

game

[g / ㄱ] + [eɪm]
게임

233,750
PANG PANG

___ ame　　g ___ ___ ___

g ___ m ___　　☐ ☐

___ a ___ e　　________

name

[n / ㄴ] + [eɪm]
이름

Amelia

___ ame　　n ___ ___ ___

n ___ m ___　　☐ ☐

___ a ___ e　　________

shame

[ʃ / 쉬] + [eɪm]
부끄러움

___ ___ ame　　sh ___ ___ ___

sh ___ m ___　　 

___ ___ a ___ e　　________

cane

[k / ㅋ] + [eɪn]
지팡이

___ ane　　c ___ ___ ___

c ___ n ___　　

___ a ___ e　　________

단어를 비교하며 듣고 따라 읽어 보세요. 062

• ca**k**e …… ca**n**e …… ca**p**e …… ca**s**e • sa**f**e …… sa**k**e …… sa**l**e …… sa**m**e

2단계
장모음 읽기

lane

[l / ㄹ] + [eɪn]
좁은 길

__ ane　l __ __ __
l __ n __
__ a __ e

plane

[pl / 플ㄹ] + [eɪn]
비행기

__ __ ane　pl __ __ __
pl __ n __
__ __ a __ e

cape

[k / ㅋ] + [eɪp]
망토

__ ape　c __ __ __
c __ p __
__ a __ e

tape

[t / ㅌ] + [eɪp]
테이프

__ ape　t __ __ __
t __ p __
__ a __ e

shape

[ʃ / 쉬] + [eɪp]
모양

__ __ ape　sh __ __ __
sh __ p __
__ __ a __ e

듣고 멈추지 말고 세 번씩 읽어 보세요. 063

came …… fame …… lame …… name …… same …… tame …… shame

장모음 a_e - 2

복습

064

A 듣고 빈칸에 들어갈 글자를 고른 뒤, 해당 그림의 번호를 쓰세요.

1 p □□□
□ale □ame □ane ( )

2 c □□□
□ale □ame □ane ( )

3 t □□□
□ame □ane □ape ( )

4 g □□□
□ale □ame □ane ( )

5 pl □□□
□ale □ane □ape ( )

6 m □□□
□ale □ane □ape ( )

7 c □□□
□ame □ane □ape ( )

8 sh □□□
□ale □ame □ape ( )

9 s □□□
□ale □ame □ane ( )

10 sh □□□
□ale □ame □ape ( )

1 2 3 4 5

6 7 8 9 10

2단계 장모음 읽기

정답 p. 200

unit 3

base

a가 있고 **e**로 끝나는 단어 ❸

글자와 소리

065

소리를 듣고 글자를 따라 읽어 보세요.

a_e

ase [eɪs]

ave [eɪv]

ate [eɪt]

● a[æ/애] 뒤에 '매직 e'가 붙으면 [eɪ/에이]로 발음해요.

단어와 소리

066

먼저 전체 단어를 듣고 따라 읽어 보세요. 그 다음 빈칸을 채우면서 철자와 뜻을 익혀 보세요.

bass *vs.* base	bat *vs.* bate	fat *vs.* fate	hat *vs.* hate

base

[b / ㅂ] + [eɪs]

기초

● [b]는 양 입술을 붙였다 떼면서 발음해요.

___ ase

b ___ s ___

___ a ___ e

b ___ ___ ___

vase

[v / ㅂ] + [eɪs]

꽃병

● [v]는 윗니를 아랫입술에 살짝 붙이고 그 사이로 바람을 불어 발음해요.

___ ase

v ___ s ___

___ a ___ e

v ___ ___ ___

chase

[tʃ / 취] + [eɪs]
뒤쫓다

ch는 한번에 [tʃ/취]로 발음해요.

__ __ ase ch __ __ __

ch __ s __

__ __ a __ e ______

---

date

[d / ㄷ] + [eɪt]
날짜

__ ate d __ __ __

d __ t __

__ a __ e ______

---

gate

[g / ㄱ] + [eɪt]
대문

__ ate g __ __ __

g __ t __

__ a __ e ______

---

hate

[h / ㅎ] + [eɪt]
미워하다

__ ate h __ __ __

h __ t __

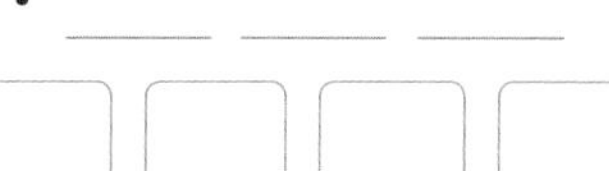

__ a __ e ______

---

late

[l / ㄹ] + [eɪt]
늦은

__ ate l __ __ __

l __ t __

__ a __ e ______

듣고 멈추지 말고 세 번씩 읽어 보세요.

067

cage ····· cake ····· came ····· cane ····· cape ····· case ····· cave

2단계
장모음 읽기

skate

[sk /스ㅋ]+[eɪt]
스케이트화

___ ___ ate sk ___ ___ ___

sk ___ t ___

___ ___ a ___ e

cave

[k /ㅋ]+[eɪv]
동굴

___ ave c ___ ___ ___

c ___ v ___

___ a ___ e

save

[s /ㅅ]+[eɪv]
저축하다

___ ave s ___ ___ ___

s ___ v ___

___ a ___ e

wave

[w / 우]+[eɪv]
파도

___ ave w ___ ___ ___

w ___ v ___

___ a ___ e

shave

[ʃ / 쉬]+[eɪv]
면도하다

___ ___ ave sh ___ ___ ___

sh ___ v ___

___ ___ a ___ e

단어를 비교하며 듣고 따라 읽어 보세요.  068

• face …… fade …… fame …… fate • pace …… page …… pale …… pave

장모음 a_e - 3
a_e
복습

069 

A 듣고 빈칸에 들어갈 글자를 고른 뒤, 해당 그림의 번호를 쓰세요.

1. c ☐☐☐
   □ ase □ ate □ ave (　　)
2. v ☐☐☐
   □ ase □ ate □ ave (　　)
3. s ☐☐☐
   □ ase □ ate □ ave (　　)
4. d ☐☐☐
   □ ase □ ate □ ave (　　)
5. g ☐☐☐
   □ ase □ ate □ ave (　　)
6. sk ☐☐☐
   □ ase □ ate □ ave (　　)
7. sh ☐☐☐
   □ ase □ ate □ ave (　　)
8. w ☐☐☐
   □ ase □ ate □ ave (　　)
9. ch ☐☐☐
   □ ase □ ate □ ave (　　)
10. h ☐☐☐
   □ ase □ ate □ ave (　　)

1 2 3 4 5

6 7 8 9 10

정답 p. 200

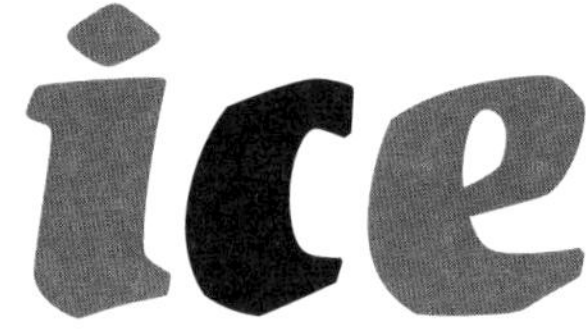

*i*가 있고 *e*로 끝나는 단어 ❶

글자와 소리

070

소리를 듣고 글자를 따라 읽어 보세요.

i_e

-ice [aɪs]

-ipe [aɪp]

-ide [aɪd]

-ife [aɪf]

● i 뒤에 '매직 e'가 붙으면 [aɪ/아이]로 발음해요.

단어와 소리

071

먼저 전체 단어를 듣고 따라 읽어 보세요. 그 다음 빈칸을 채우면서 철자와 뜻을 익혀 보세요.

hid *vs.* hide	rid *vs.* ride	pip *vs.* pipe	rip *vs.* ripe

ice

[aɪs]
얼음

___ ce
___ c ___
i ___ e

mice

[m / ㅁ] + [aɪs]
쥐들

___ ice
m ___ c ___
___ i ___ e

m ___ ___ ___

rice

[r / ㄹ] + [aɪs]
쌀, 밥

__ ice
r __ c __
__ i __ e

r __ __ __

hide

[h / ㅎ] + [aɪd]
숨다

__ ide
h __ d __
__ i __ e

h __ __ __

ride

[r / ㄹ] + [aɪd]
타다

__ ide
r __ d __
__ i __ e

r __ __ __

side

[s / ㅅ] + [aɪd]
옆

__ ide
s __ d __
__ i __ e

s __ __ __

wide

[w / 우] + [aɪd]
넓은

__ ide
w __ d __
__ i __ e

w __ __ __

2단계
장모음 읽기

단어를 비교하며 듣고 따라 읽어 보세요. 072

• ace ······ ice • race ······ rice • rice ······ ride ······ rime ······ ripe

life

[l / ㄹ] + [aɪf]
삶, 생명

___ ife
l ___ f ___
___ i ___ e

l ___ ___ ___

---

wife

[w / 우] + [aɪf]
아내

___ ife
w ___ f ___
___ i ___ e

w ___ ___ ___

---

pipe

[p / ㅍ] + [aɪp]
파이프, 관

___ ipe
p ___ p ___
___ i ___ e

p ___ ___ ___

---

ripe

[r / ㄹ] + [aɪp]
잘 익은

___ ipe
r ___ p ___
___ i ___ e

r ___ ___ ___

---

wipe

[w / 우] + [aɪp]
닦다

___ ipe
w ___ p ___
___ i ___ e

w ___ ___ ___

단어를 비교하며 듣고 따라 읽어 보세요. 073

• life ······ like ······ lime ······ line • wide ······ wife ······ wipe ······ wise

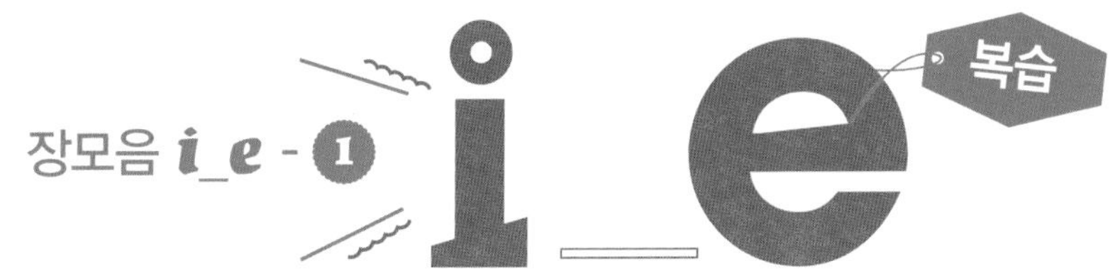
장모음 i_e - 1
복습

074

A 듣고 빈칸에 들어갈 글자를 고른 뒤, 해당 그림의 번호를 쓰세요.

1. p☐☐☐
   ☐ ide ☐ ife ☐ ipe ( )

2. h☐☐☐
   ☐ ice ☐ ide ☐ ife ( )

3. m☐☐☐
   ☐ ice ☐ ide ☐ ipe ( )

4. l☐☐☐
   ☐ ice ☐ ife ☐ ipe ( )

5. w☐☐☐
   ☐ ide ☐ ife ☐ ipe ( )

6. ☐☐☐
   ☐ ice ☐ ide ☐ ipe ( )

7. w☐☐☐
   ☐ ide ☐ ife ☐ ipe ( )

8. r☐☐☐
   ☐ ice ☐ ide ☐ ipe ( )

9. r☐☐☐
   ☐ ice ☐ ide ☐ ife ( )

10. r☐☐☐
    ☐ ice ☐ ide ☐ ipe ( )

1 2 3 4 5 6 7 8 9 10

정답 p. 200

연습 문제

A. 빈칸에 공통으로 들어갈 철자를 〈보기〉에서 찾아 써 보세요.

보기

ace ice ake ape

❶ ___ ___ ___ m ___ ___ ___

❷ t ___ ___ ___ sh ___ ___ ___

❸ b ___ ___ ___ m ___ ___ ___

❹ f ___ ___ ___ sp ___ ___ ___

B. 빈칸에 알맞은 철자와 연결한 뒤 빈칸을 채우세요.

❶ ch ___ ___ ___
❷ p ___ ___ ___
❸ l ___ ___ ___
❹ sh ___ ___ ___
❺ n ___ ___ ___
❻ pl ___ ___ ___
ale
ame
ane
ase
ate
ave
Amelia

C. 〈보기〉에서 알맞은 철자를 찾아 단어를 완성하세요.

보기

age	ake	ale	ice	ide
ame	ape	ave	ife	ipe

1 쌀, 밥
r
2 타다
r
3 잘 익은
r
4 새장, 우리
c
5 케이크
c
6 망토
c
7 옆
s
8 판매
Big Sale
s
9 게임
233,750
PANGPANG
g
10 파도
w
11 닦다
w
12 아내
w

2단계
장모음 읽기

정답 p. 201

unit 5

bike

i가 있고 e로 끝나는 단어 ❷

글자와 소리

075

소리를 듣고 글자를 따라 읽어 보세요.

i_e

-ike [aɪk]

-ine [aɪn]

-ile [aɪl]

-ime [aɪm]

● i 뒤에 '매직 e'가 붙으면 [aɪ/아이]로 발음해요.

단어와 소리

076

먼저 전체 단어를 듣고 따라 읽어 보세요. 그 다음 빈칸을 채우면서 철자와 뜻을 익혀 보세요.

lick *vs.* like	fill *vs.* file	dim *vs.* dime	din *vs.* dine

bike

[b / ㅂ] + [aɪk]

자전거

__ ike

b __ k __

__ i __ e

b __ __ __

hike

[h / ㅎ] + [aɪk]

도보여행하다

__ ike

h __ k __

__ i __ e

h __ __ __

like

[l / ㄹ] + [aɪk]
좋아하다

___ike　　l ___ ___ ___

l ___ k ___　　□ □ □ □

___ i ___ e　　________

file

[f / ㅍ] + [aɪl]
서류, 파일

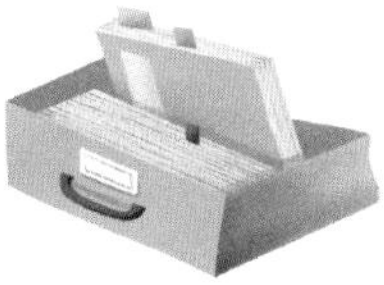

___ile　　f ___ ___ ___

f ___ l ___　　□ □ □ □

___ i ___ e　　________

pile

[p / ㅍ] + [aɪl]
더미

___ile　　p ___ ___ ___

p ___ l ___　　□ □

___ i ___ e　　________

tile

[t / ㅌ] + [aɪl]
타일

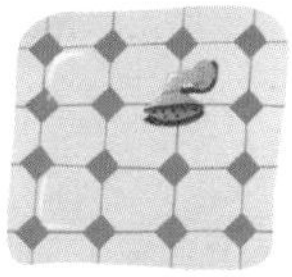

___ile　　t ___ ___ ___

t ___ l ___　　□ □

___ i ___ e　　________

time

[t / ㅌ] + [aɪm]
시간, 때

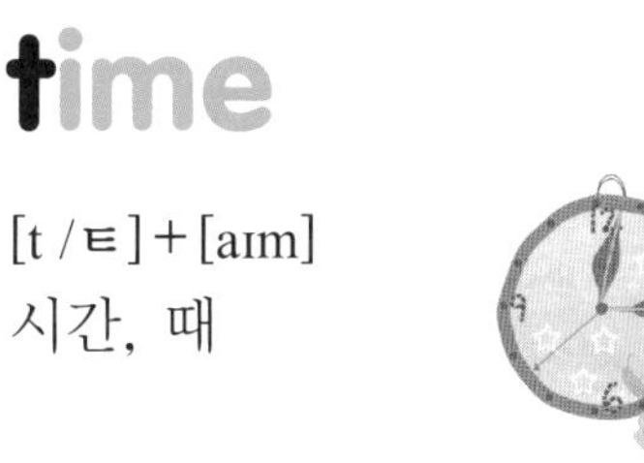

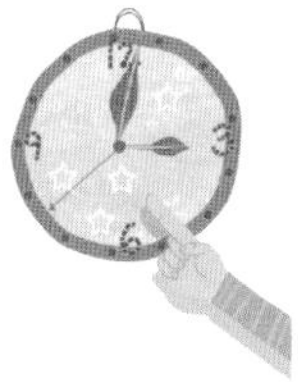

___ime　　t ___ ___ ___

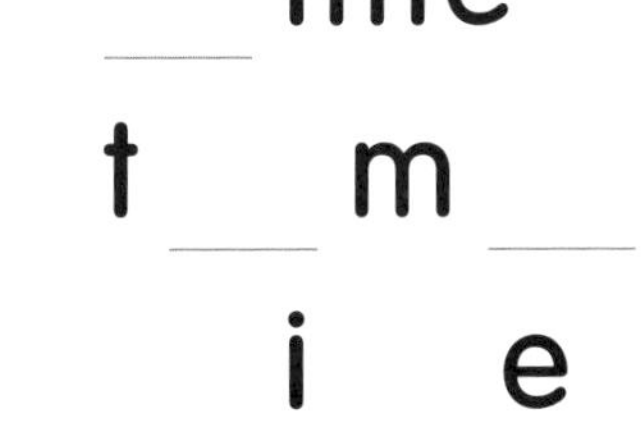

t ___ m ___　　□ □ □

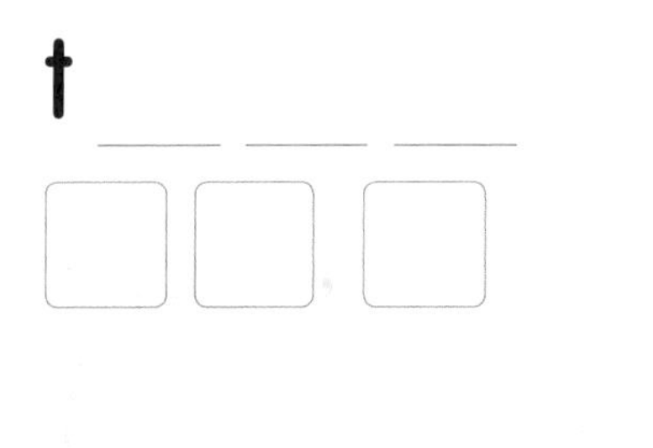

___ i ___ e　　________

단어를 비교하며 듣고 따라 읽어 보세요.  077

• bake …… bike • pale …… pile • tame …… time • lane …… line

2단계
장모음 읽기

dine

[d / ㄷ]+[aɪn]
식사를 하다

__ ine
d __ n __
__ i __ e

d __ __ __

fine

[f / ㅍ]+[aɪn]
좋은

__ ine
f __ n __
__ i __ e

f __ __ __

line

[l / ㄹ]+[aɪn]
선

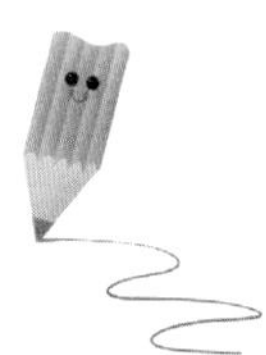

__ ine
l __ n __
__ i __ e

l __ __ __

nine

[n / ㄴ]+[aɪn]
9, 아홉

__ ine
n __ n __
__ i __ e

n __ __ __

pine

[p / ㅍ]+[aɪn]
소나무, 솔방울

__ ine
p __ n __
__ i __ e

p __ __ __

단어를 비교하며 듣고 따라 읽어 보세요. 078

• fi**l**e ······ fi**n**e • hi**d**e ······ hi**k**e • pi**l**e ······ pi**n**e ······ pi**p**e

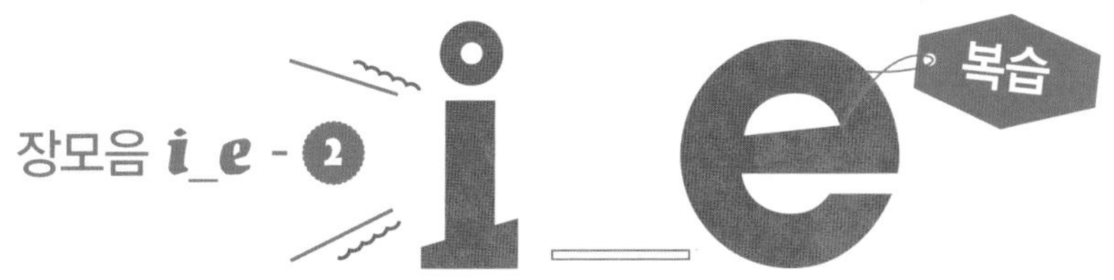

장모음 i_e - 2 복습

079 

A 듣고 빈칸에 들어갈 글자를 고른 뒤, 해당 그림의 번호를 쓰세요.

1. t ☐☐☐
   □ ike □ ile □ ime ( )

2. n ☐☐☐
   □ ile □ ime □ ine ( )

3. b ☐☐☐
   □ ike □ ile □ ime ( )

4. p ☐☐☐
   □ ike □ ile □ ine ( )

5. p ☐☐☐
   □ ike □ ime □ ine ( )

6. l ☐☐☐
   □ ike □ ile □ ime ( )

7. l ☐☐☐
   □ ike □ ime □ ine ( )

8. f ☐☐☐
   □ ike □ ile □ ine ( )

9. f ☐☐☐
   □ ile □ ime □ ine ( )

10. t ☐☐☐
    □ ike □ ile □ ime ( )

1 2 3 4 5

6 7 8 9 10

2단계 장모음 읽기

정답 p. 201

unit
6

rise

i가 있고 **e**로 끝나는 단어 ❸

글자와 소리

080

소리를 듣고 글자를 따라 읽어 보세요.

● ise와 ize는 같은 소리가 나요.

-ise [aɪz]

-ize [aɪz]

i_e

-ite [aɪt]

-ive [aɪv]

단어와 소리

081

먼저 전체 단어를 듣고 따라 읽어 보세요. 그 다음 빈칸을 채우면서 철자와 뜻을 익혀 보세요.

bit *vs.* bite

kit *vs.* kite

rise

[r / ㄹ] + [aɪz]
오르다, 뜨다

__ ise
r __ s __
__ i __ e

r __ __ __

wise

[w / 우] + [aɪz]
지혜로운

__ ise
w __ s __
__ i __ e

w __ __ __

bite

[b / ㅂ] + [aɪt]
물다

___ ite　b ___ ___ ___

b ___ t ___

___ i ___ e

kite

[k / ㅋ] + [aɪt]
연

___ ite　k ___ ___ ___

k ___ t ___

___ i ___ e

lite

[l / ㄹ] + [aɪt]
저칼로리의

• [l]는 앞니 뒤에 혀끝을 붙이며 발음해요.

___ ite　l ___ ___ ___

l ___ t ___

___ i ___ e

rite

[r / ㄹ] + [aɪt]
의식, 의례

• [r]는 혀를 들어올려 목구멍 쪽으로 당기며 발음해요.

___ ite　r ___ ___ ___

r ___ t ___

___ i ___ e

dive

[d / ㄷ] + [aɪv]
다이빙하다

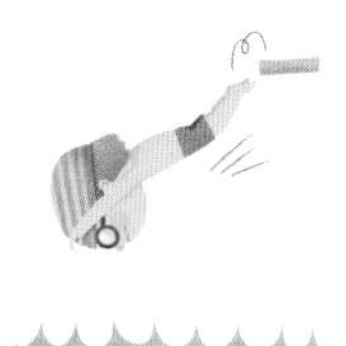

___ ive　d ___ ___ ___

d ___ v ___

___ i ___ e

2단계 장모음 읽기

단어를 비교하며 듣고 따라 읽어 보세요. 082

• rice ······ ride ······ ripe ······ rise　• file ······ fine ······ five

five

[f / ㅍ]+[aɪv]
5, 다섯

__ ive　f __ __ __

f __ v __

__ i __ e

hive

[h / ㅎ]+[aɪv]
벌집

__ ive　h __ __ __

h __ v __

__ i __ e

drive

[dr / 드ㄹ]+[aɪv]
운전하다

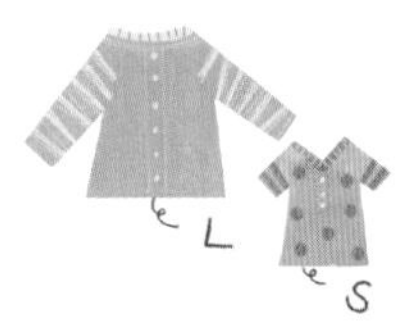

__ __ ive　dr __ __ __

dr __ v __

__ __ i __ e

size

[s / ㅅ]+[aɪz]
크기

__ ize　s __ __ __

s __ z __

__ i __ e

prize

[pr / 프ㄹ]+[aɪz]
상, 상품

__ __ ize　pr __ __ __

pr __ z __

__ __ i __ e

단어를 비교하며 듣고 따라 읽어 보세요. 083

• dice …… dime …… dine …… dive • wide …… wife …… wipe …… wise

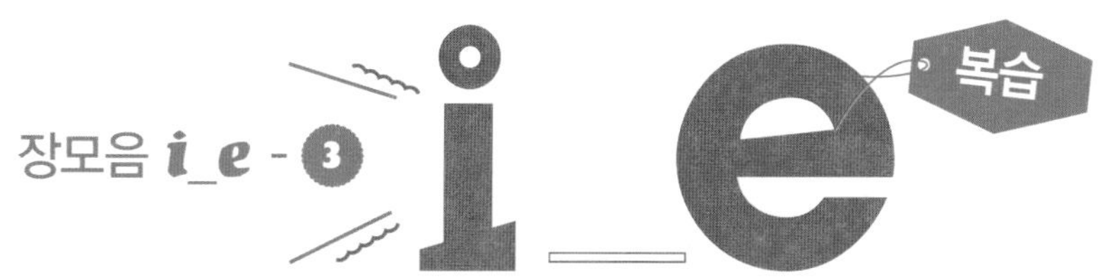

장모음 i_e - 3 복습

084

A 듣고 빈칸에 들어갈 글자를 고른 뒤, 해당 그림의 번호를 쓰세요.

1. h ☐☐☐
   ☐ ise ☐ ive ☐ ize ( )
2. s ☐☐☐
   ☐ ite ☐ ive ☐ ize ( )
3. f ☐☐☐
   ☐ ise ☐ ite ☐ ive ( )
4. r ☐☐☐
   ☐ ite ☐ ive ☐ ize ( )
5. pr ☐☐☐
   ☐ ite ☐ ive ☐ ize ( )
6. r ☐☐☐
   ☐ ise ☐ ite ☐ ive ( )
7. b ☐☐☐
   ☐ ise ☐ ite ☐ ive ( )
8. w ☐☐☐
   ☐ ise ☐ ite ☐ ive ( )
9. l ☐☐☐
   ☐ ite ☐ ive ☐ ize ( )
10. dr ☐☐☐
   ☐ ise ☐ ite ☐ ive ( )

1 2 3 4 5

6 7 8 9 10

정답 p. 201

2단계
장모음 읽기

code

*o*가 있고 *e*로 끝나는 단어

글자와 소리

085

소리를 듣고 글자를 따라 읽어 보세요.

o_e

-ode [oʊd]

-oke [oʊk]

-one [oʊn]

-ope [oʊp]

-ose [oʊz]

● o[ɑ/아] 뒤에 매직 e가 붙으면 [oʊ/오우]로 발음해요.

단어와 소리

086

먼저 전체 단어를 듣고 따라 읽어 보세요. 그 다음 빈칸을 채우면서 철자와 뜻을 익혀 보세요.

cod *vs.* code	jock *vs.* joke	pock *vs.* poke	hop *vs.* hope

code

[k /ㅋ]+[oʊd]
코드, 암호

__ ode
c __ d __
__ o __ e

c __ __ __

---

mode

[m /ㅁ]+[oʊd]
형태, 상태

__ ode
m __ d __
__ o __ e

m __ __ __

joke

[dʒ / 쥐]+[oʊk]
농담

__ oke　　j __ __ __

j __ k __

__ o __ e　　________

poke

[p / ㅍ]+[oʊk]
찌르다

__ oke　　p __ __ __

p __ k __

__ o __ e　　________

bone

[b / ㅂ]+[oʊn]
뼈

__ one　　b __ __ __

b __ n __

__ o __ e　　________

cone

[k / ㅋ]+[oʊn]
원뿔

__ one　　c __ __ __

c __ n __

__ o __ e　　________

stone

[st / 스ㅌ]+[oʊn]
돌

__ __ one　　st __ __ __

st __ n __

__ __ o __ e　　________

단어를 비교하며 듣고 따라 읽어 보세요. 087

• line ····· lone • pale ····· pole • ride ····· rode • rise ····· rose

2단계
장모음 읽기

hope

[h / ㅎ] + [oʊp]
희망

___ope h___ ___ ___
h___p___
___o___e

rope

[r / ㄹ] + [oʊp]
밧줄

___ope r___ ___ ___
r___p___
___o___e

hose

[h / ㅎ] + [oʊz]
호스

● hose는 우리말로 '호스'라고 하지만 영어 발음은 [hoʊz/호우즈]예요.

___ose h___ ___ ___
h___s___
___o___e

pose

[p / ㅍ] + [oʊz]
자세, 포즈

___ose p___ ___ ___
p___s___
___o___e

rose

[r / ㄹ] + [oʊz]
장미

___ose r___ ___ ___
r___s___
___o___e

단어를 비교하며 듣고 따라 읽어 보세요.  088

• code ····· cone ····· cope ····· cote • poke ····· pole ····· pope ····· pose

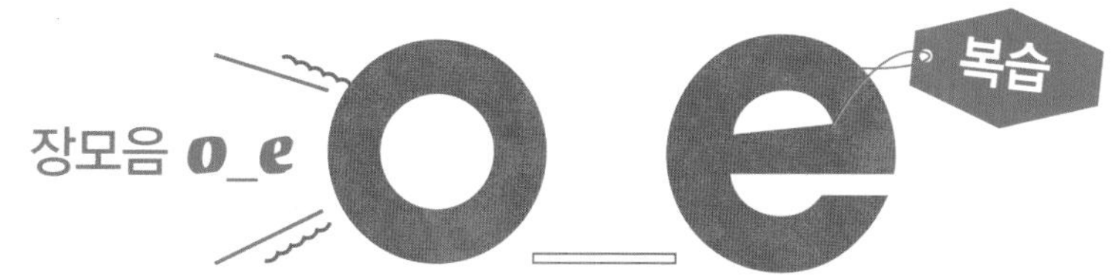
장모음 o_e
복습

089 

A 듣고 빈칸에 들어갈 글자를 고른 뒤, 해당 그림의 번호를 쓰세요.

1 p ☐☐☐
☐ ode ☐ oke ☐ one ( )

2 c ☐☐☐
☐ one ☐ ope ☐ ose ( )

3 h ☐☐☐
☐ ode ☐ ope ☐ ose ( )

4 r ☐☐☐
☐ ode ☐ oke ☐ ose ( )

5 r ☐☐☐
☐ oke ☐ one ☐ ope ( )

6 m ☐☐☐
☐ ode ☐ oke ☐ ose ( )

7 b ☐☐☐
☐ ode ☐ oke ☐ one ( )

8 st ☐☐☐
☐ one ☐ ope ☐ ose ( )

9 h ☐☐☐
☐ oke ☐ ope ☐ one ( )

10 j ☐☐☐
☐ ode ☐ oke ☐ ose ( )

1 2 3 4 5

매너모드

6 7 8 9 10

정답 p. 202

2단계 장모음 읽기

unit 8

u가 있고 **e**로 끝나는 단어

글자와 소리

090

소리를 듣고 글자를 따라 읽어 보세요.

u_e

-ube [u:b]
-ude [u:d]
-ute [u:t]
-ule [u:l]
-une [u:n]

u[ʌ/어] 뒤에 매직 e가 붙으면 [u:/우:]로 발음해요.

단어와 소리

091

먼저 전체 단어를 듣고 따라 읽어 보세요. 그 다음 빈칸을 채우면서 철자와 뜻을 익혀 보세요.

cub *vs.* cube	tub *vs.* tube	cut *vs.* cute	us *vs.* use

cube

[k / ㅋ] + [ju:b]
정육면체

● u가 [ju:/유:]로 발음되는 경우가 있어요.

___ ube　　c ___ ___ ___

c ___ b ___

___ u ___ e

tube

[t / ㅌ] + [(j)u:b]
튜브

___ ube　　t ___ ___ ___

t ___ b ___

___ u ___ e

nude

[n / ㄴ] + [uːd]
벌거벗은

___ude　n___ ___ ___

n___d___

___u___e

rude

[r / ㄹ] + [uːd]
무례한

*'무례한'은 '예의가 없다'는 뜻이에요.

___ude　r___ ___ ___

r___d___

___u___e

mule

[m / ㅁ] + [juːl]
당나귀

___ule　m___ ___ ___

m___l___

___u___e

rule

[r / ㄹ] + [uːl]
규칙, 원칙

·You must~
·You can't~

___ule　r___ ___ ___

r___l___

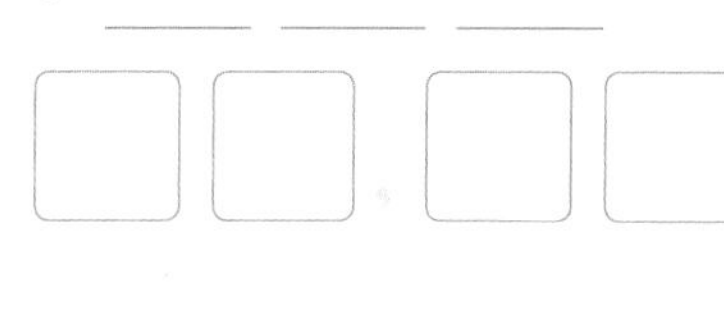

___u___e

June

[ʤ / 쥐] + [uːn]
6월

JUNE
6

___une　J___ ___ ___

J___n___

___u___e

단어를 비교하며 듣고 따라 읽어 보세요. 092

• cube ······ cute • Jane ······ June • ride ······ rude

tune

[t / ㅌ] + [u:n]
곡, 곡조

__une   t__ __ __
t__ n__
__ u __ e

use

[ju:z]
사용하다

• s는 모음 사이에서 보통 [z]로 발음해요.

use
__ s __
u __ e

cute

[k / ㅋ] + [ju:t]
귀여운

__ ute   c__ __ __
c__ t__
__ u __ e

mute

[m / ㅁ] + [ju:t]
소리 없는

__ ute   m__ __ __
m__ t__
__ u __ e

flute

[fl / 플ㄹ] + [u:t]
플루트

__ __ ute   fl__ __ __
fl__ t__
__ __ u __ e

단어를 비교하며 듣고 따라 읽어 보세요. 093

• male ····· mile ····· mule • mate ····· mite ····· mute

094

A 듣고 빈칸에 들어갈 글자를 고른 뒤, 해당 그림의 번호를 쓰세요.

1 n ☐☐☐
☐ ude ☐ ule ☐ une ( )

2 J ☐☐☐
☐ ude ☐ ule ☐ une ( )

3 c ☐☐☐
☐ ube ☐ ude ☐ une ( )

4 r ☐☐☐
☐ ube ☐ ude ☐ ule ( )

5 c ☐☐☐
☐ ube ☐ use ☐ ute ( )

6 t ☐☐☐
☐ ube ☐ ude ☐ ute ( )

7 t ☐☐☐
☐ ude ☐ ule ☐ une ( )

8 r ☐☐☐
☐ ube ☐ ude ☐ ule ( )

9 fl ☐☐☐
☐ ude ☐ ule ☐ ute ( )

10 m ☐☐☐
☐ ule ☐ use ☐ ute ( )

1 JUNE
6

2

3

4

5 · You must ~
· You can't ~

6

7

8

9

10

정답 p. 202

2단계 장모음 읽기

연습 문제

STEP 2 장모음 읽기 ❺~❽

A. 빈칸에 공통으로 들어갈 철자를 〈보기〉에서 찾아 써 보세요.

보기

ise　　ose　　one　　une　　ite　　ute

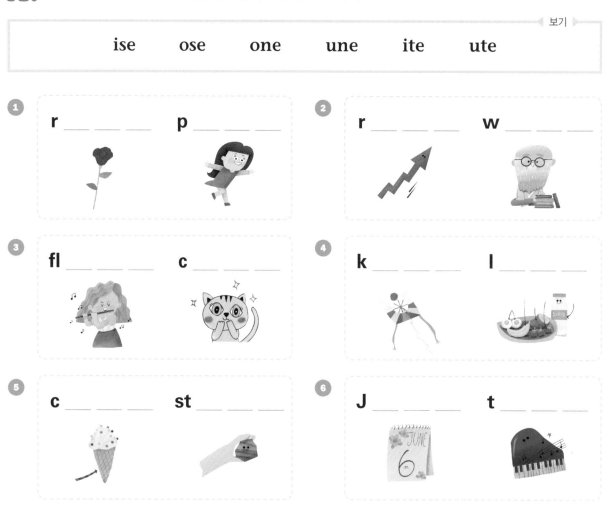

❶ r ___ ___ ___　　p ___ ___ ___

❷ r ___ ___ ___　　w ___ ___ ___

❸ fl ___ ___ ___　　c ___ ___ ___

❹ k ___ ___ ___　　l ___ ___ ___

❺ c ___ ___ ___　　st ___ ___ ___

❻ J ___ ___ ___　　t ___ ___ ___

B. 빈칸에 알맞은 철자와 연결한 뒤 빈칸을 채우세요.

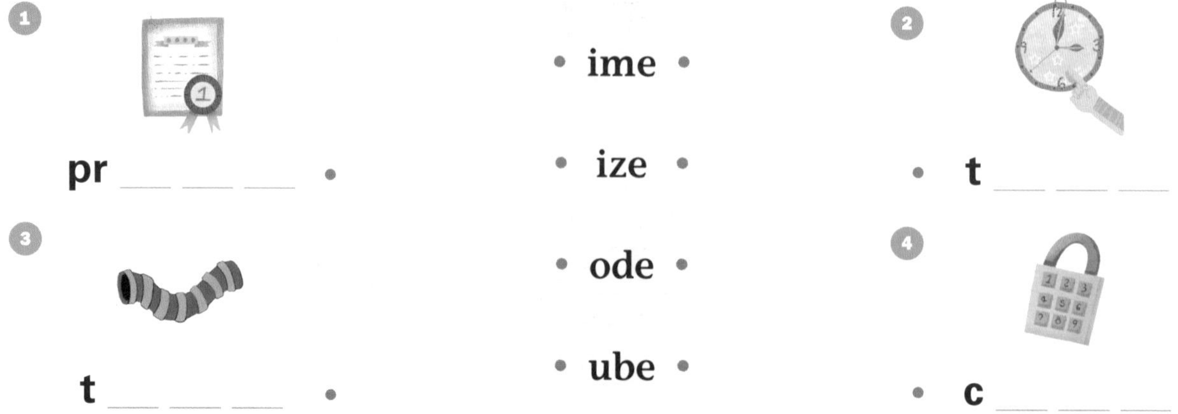
❶
pr ___ ___ ___ •
• ime •
• ize •
• ode •
• ube •
❷
• t ___ ___ ___
❸
t ___ ___ ___ •
❹
• c ___ ___ ___

C. 〈보기〉에서 알맞은 철자를 찾아 단어를 완성하세요.

보기
ike ile ine ite ive | oke one ope ose | ude ule

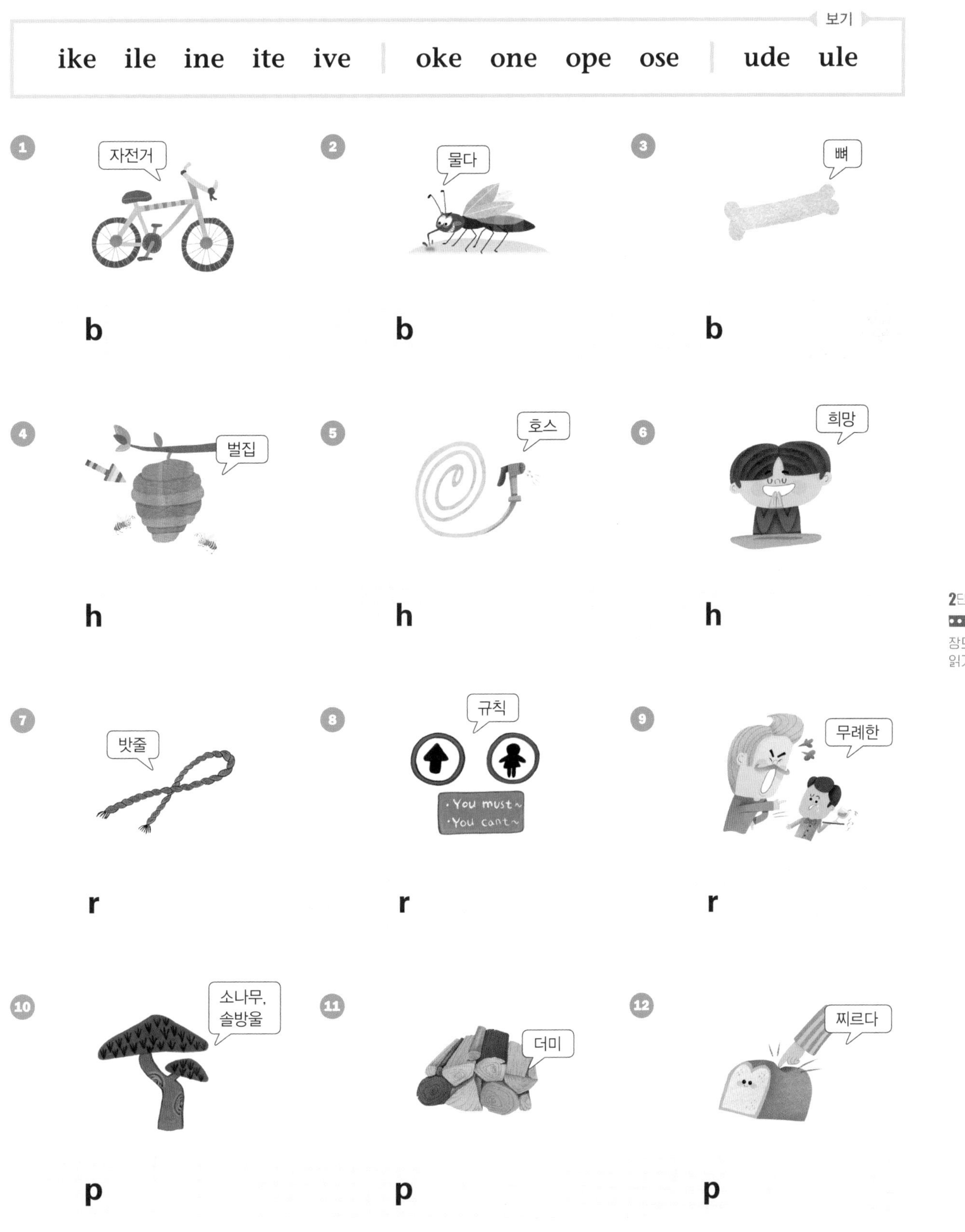

1
자전거
b
2
물다
b
3
뼈
b
4
벌집
h
5
호스
h
6
희망
h
7
밧줄
r
8
규칙
·You must~
·You can't~
r
9
무례한
r
10
소나무,
솔방울
p
11
더미
p
12
찌르다
p

2단계 장모음 읽기

정답 p. 202

STEP 2

총복습

- 장모음 단어 읽기 -

손가락으로 글자를 짚으면서 단어를 혼자 읽어 보세요.
처음 보는 단어도 파닉스 규칙을 이용해서 읽어 보세요.

-ace
[eɪs]

f**ace**
r**ace**
pl**ace**
sp**ace**
tr**ace**

-ake
[eɪk]

b**ake**
c**ake**
l**ake**
m**ake**
t**ake**

-age
[eɪdʒ]

age
c**age**
p**age**
st**age**

-ale
[eɪl]

m**ale**
p**ale**
s**ale**
t**ale**
sc**ale**

-ame
[eɪm]

c**ame**
g**ame**
n**ame**
s**ame**
sh**ame**

-ane
[eɪn]

c**ane**
l**ane**
pl**ane**

-ape
[eɪp]

c**ape**
t**ape**
gr**ape**
sh**ape**

-ase
[eɪs]

b**ase**
c**ase**
v**ase**
ch**ase**

-ate
[eɪt]

d**ate**
g**ate**
h**ate**
l**ate**
sk**ate**

-ave
[eɪv]

c**ave**
s**ave**
w**ave**
br**ave**
sh**ave**

-ice
[aɪs]

ice
d**ice**
m**ice**
n**ice**
r**ice**

-ide
[aɪd]

h**ide**
r**ide**
s**ide**
t**ide**
w**ide**

2단계
장모음 읽기

-ike
[aɪk]

b**ike**
h**ike**
l**ike**
p**ike**

-ile
[aɪl]

f**ile**
m**ile**
p**ile**
t**ile**
sm**ile**

-ime
[aɪm]

t**ime**
d**ime**
cr**ime**
pr**ime**

-ine

[aɪn]

d**ine**

f**ine**

l**ine**

n**ine**

p**ine**

-ipe

[aɪp]

p**ipe**

r**ipe**

w**ipe**

-ise/-ize

[aɪz]

r**ise**

s**ize**

w**ise**

pr**ize**

-ite

[aɪt]

b**ite**

k**ite**

l**ite**

r**ite**

s**ite**

-ive

[aɪv]

d**ive**

f**ive**

h**ive**

dr**ive**

-ode

[oʊd]

c**ode**

m**ode**

r**ode**

-oke

[oʊk]

c**oke**

j**oke**

p**oke**

sm**oke**

-one

[oʊn]

b**one**

c**one**

ph**one**

sc**one**

st**one**

-ope

[oʊp]

c**ope**

h**ope**

l**ope**

r**ope**

-ose
[oʊz]

hose
nose
pose
rose
close

-ube
[(j)u:b]

cube
tube

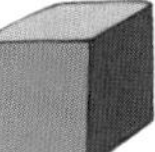

-ude
[u:d]

nude
rude
crude

-ule
[(j)u:l]

mule
rule

-une
[(j)u:n]

dune
June
tune

JUNE
6

-ute
[(j)u:t]

cute
mute
flute

2단계
장모음 읽기

도전!

-obe
[oʊb]

robe
globe

-ote
[oʊt]

note
rote
vote

-ove
[ʌv]

dove
love
glove

 혼자서 잘 읽어 봤나요? 들으면서 다시 한 번 따라 읽어 보세요. 095 

STEP 3

이중자음 읽기

Consonant Blends Sounds

둘 이상의 자음이 함께 오면 연속으로 발음해요.

096

둘 이상의 자음이 함께 오면 두 개 이상의 자음을 연속으로 발음해요.

이때는 주로 자음 l, r, s와 결합해요.

자음 + l	**bl**	**cl**	**fl**	**gl**	**pl**	**sl**	
자음 + r	**br**	**cr**	**dr**	**fr**	**gr**	**pr**	**tr**
s + 자음	**sm**	**sn**	**sp**	**sw**			

blue

drum

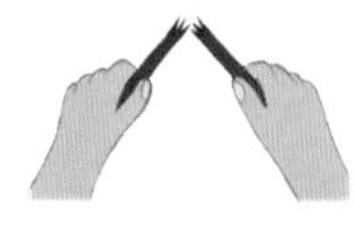

snap

합쳐지면서 소리가 나지 않기도 해요.

097

두 개의 자음이 합쳐지면서 발음이 어려워지는 경우는, 소리가 나지 않기도 해요.

k + **n** =  (*k 소리가 나지 않음)

[k] [n] [n]

knife

m + **b** =  (*b 소리가 나지 않음)

[m] [b] [m]

lamb

두 개의 자음이 합쳐져서 다른 소리로 바뀌기도 해요.

098 

ph, gh, ng처럼 두 글자가 하나의 음을 나타내는 것을 이중글자(digraph)라고 해요.

c + **h** = **ch**
[k] [h] [ʧ]

bench

s + **h** = **sh**
[s] [h] [ʃ]

ship

t + **h** = **th**
[t] [h] [θ]

three

g + **h** = **gh**
[g] [h] [f]

laugh

p + **h** = **ph**
[p] [h] [f]

photo

q + **u** = **qu**
[k] [ʌ] [kw]

queen

n + **g** = **ng**
[n] [g] [ŋ]

spring

이중자음 **bl-, cl-, fl-**이 들어간 단어

글자와 소리

099 

소리를 듣고 글자를 따라 읽어 보세요.

● 여러 자음 뒤에 l([l]/ㄹ)이 붙어서 만들어지는 소리를 익혀보세요.

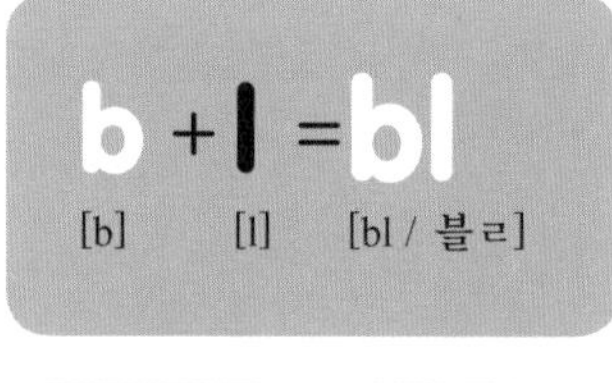

b + l = bl
[b] [l] [bl / 블ㄹ]

c + l = cl
[k] [l] [kl / 클ㄹ]

f + l = fl
[f] [l] [fl / 플ㄹ]

bla ble bli blo blu

cla cle cli clo clu

fla fle fli flo flu

단어와 소리

100 

먼저 전체 단어를 듣고 따라 읽어 보세요. 그 다음 빈칸을 채우면서 철자와 뜻을 익혀 보세요.

blue

[bl] + [uː]
파란

● ue는 [우]를 길게 발음해요.

__ __ ue

bl __ __

__ __ ue

bl __ __

____

black

[bl] + [æk]
검은

● ck는 [k/ㅋ]로 발음해요.

__ __ ack

bl __ ck

__ __ a __ __

bl __ __ __

____

blank

[bl] + [æŋk]
빈, 백지의

___ ___ ank bl___ ___ ___

bl___nk

bla___ ___

blend

[bl] + [end]
섞다

___ ___ end bl___ ___ ___

bl___nd

ble___ ___

clam

[kl] + [æm]
조개

___ ___ am cl___ ___

cl___m

___ ___ a___

clap

[kl] + [æp]
손뼉치다

___ ___ ap cl___ ___

cl___p

cla___

click

[kl] + [ɪk]
클릭하다

___ ___ ick cl___ ___ ___

cl___ck

cli___ ___

단어를 비교하며 듣고 따라 읽어 보세요. 101

• back ······ lack ······ black • kick ······ lick ······ click • cap ······ lap ······ clap ······ flap

cliff

[kl] + [ɪf]
절벽

● ff는 [f/ㅍ]로 발음해요.

___ ___ iff　cl ___ ___ ___

cl ___ ff　☐☐

cli ___ ___　________

flag

[fl] + [æg]
깃발

___ ___ ag　fl ___ ___

fl ___ g　☐☐

___ ___ a ___　________

flat

[fl] + [æt]
바람 빠진

___ ___ at　fl ___ ___

fl ___ t　☐☐ ☐☐

___ ___ a ___　________

floss

[fl] + [ɔːs]
치실

● ss는 [s/ㅅ]로 발음해요.

___ ___ oss　fl ___ ___ ___

fl ___ ss　☐☐

___ ___ o ___ ___　________

flower

[fl] + [aʊə(r)]
꽃

___ ___ ower　fl ___ ___ ___ ___

___ ___ ___ wer　☐

flo ___ ___ ___　________

단어를 비교하며 듣고 따라 읽어 보세요. 102

• bag ······ gag ······ flag • cat ······ fat ······ flat • blue ······ clue ······ glue

이중자음 bl-, cl-, fl- bl, cl, fl 복습

103

A 단어를 듣고 첫소리에 표시한 뒤, 나머지 철자와 연결하세요.

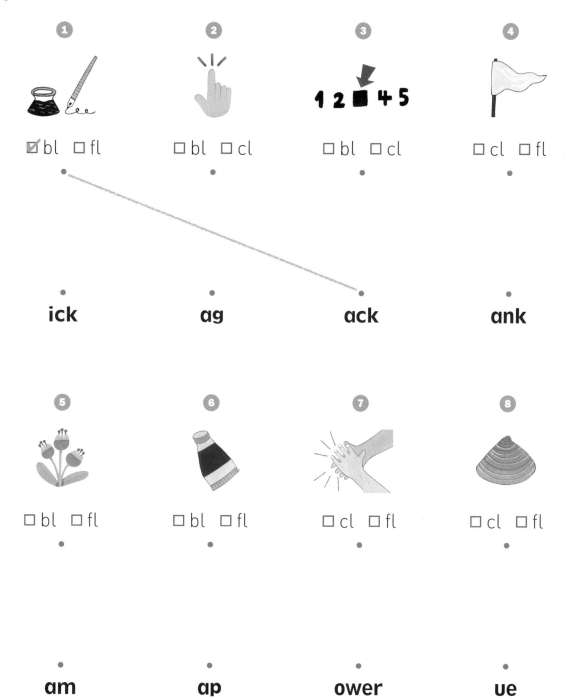

1 ☑ bl ☐ fl
2 ☐ bl ☐ cl
3 ☐ bl ☐ cl
4 ☐ cl ☐ fl

ick **ag** **ack** **ank**

3단계 이중자음 읽기

5 ☐ bl ☐ fl
6 ☐ bl ☐ fl
7 ☐ cl ☐ fl
8 ☐ cl ☐ fl

am **ap** **ower** **ue**

정답 p. 203

이중자음 **gl-, pl-, sl-**이 들어간 단어

글자와 소리

104

소리를 듣고 글자를 따라 읽어 보세요.

● pl과 fl은 비슷한 발음 같지만 p는 양 입술을 이용해서, f는 윗니와 아랫입술을 이용해서 발음해요.

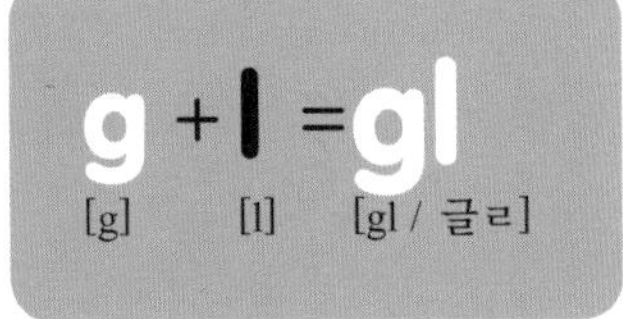

g + l = gl
[g] [l] [gl / 글ㄹ]

p + l = pl
[p] [l] [pl / 플ㄹ]

s + l = sl
[s] [l] [sl / 슬ㄹ]

gla gle gli glo glu

pla ple pli plo plu

sla sle sli slo slu

단어와 소리

105

먼저 전체 단어를 듣고 따라 읽어 보세요. 그 다음 빈칸을 채우면서 철자와 뜻을 익혀 보세요.

glad

[gl] + [æd]
기쁜

__ __ ad　　gl __ __

gl __ d

__ __ a __

____

glue

[gl] + [u:]
풀

Glue

__ __ ue　　gl __ __

gl __ __

__ __ ue

____

glass

[gl] + [æs]
유리, 컵

● glasses는 '안경'을 나타내요.

__ __ ass gl __ __ __

gl __ ss

gla __ __

glove

[gl] + [ʌv]
장갑

● glove는 뒤에 e가 붙었지만 [ou/오우]로 발음하지 않아요. [ʌ/어]로 발음해요.

__ __ ove gl __ __ __

gl __ v __

__ __ o __ e

plum

[pl] + [ʌm]
자두

__ __ um pl __ __

pl __ m

__ __ u __

plate

[pl] + [eɪt]
접시

● a 뒤에 매직 e가 붙으면 이름처럼 [eɪ/에이]로 발음해요.

__ __ ate pl __ __ __

pl __ t __

pla __ e

plant

[pl] + [ænt]
식물, 심다

__ __ ant pl __ __ __

pl __ nt

pla __ __

단어를 비교하며 듣고 따라 읽어 보세요. 106

• mass …… pass …… class – glass • cap …… lap …… clap …… flap

3단계 이중자음 읽기

plug

[pl] + [ʌg]
플러그

__ __ ug
pl __ __
pl __ g
plu __

slam

[sl] + [æm]
꽝 닫다

__ __ am
sl __ __
sl __ m
__ __ a __

sled

[sl] + [ed]
썰매

__ __ ed
sl __ __
sl __ d
__ __ e __

slice

[sl] + [aɪs]
조각

● i 뒤에 매직 e가 붙으면 이름처럼 [aɪ/아이]로 발음해요.

__ __ ice
sl __ __ __
sl __ c __
sli __ e

slide

[sl] + [aɪd]
미끄럼틀

__ __ ide
sl __ __ __
sl __ d __
sli __ e

단어를 비교하며 듣고 따라 읽어 보세요. 107

• dam ····· jam ····· ham ····· clam • hide ····· ride ····· side ····· glide ····· slide

이중자음 gl-, pl-, sl- gl, pl, sl 복습

108 

A 단어를 듣고 첫소리에 표시한 뒤, 나머지 철자와 연결하세요.

쾅

1 □ pl □ sl
2 □ gl □ pl
3 □ gl □ pl
4 □ pl □ sl

ad am ant um

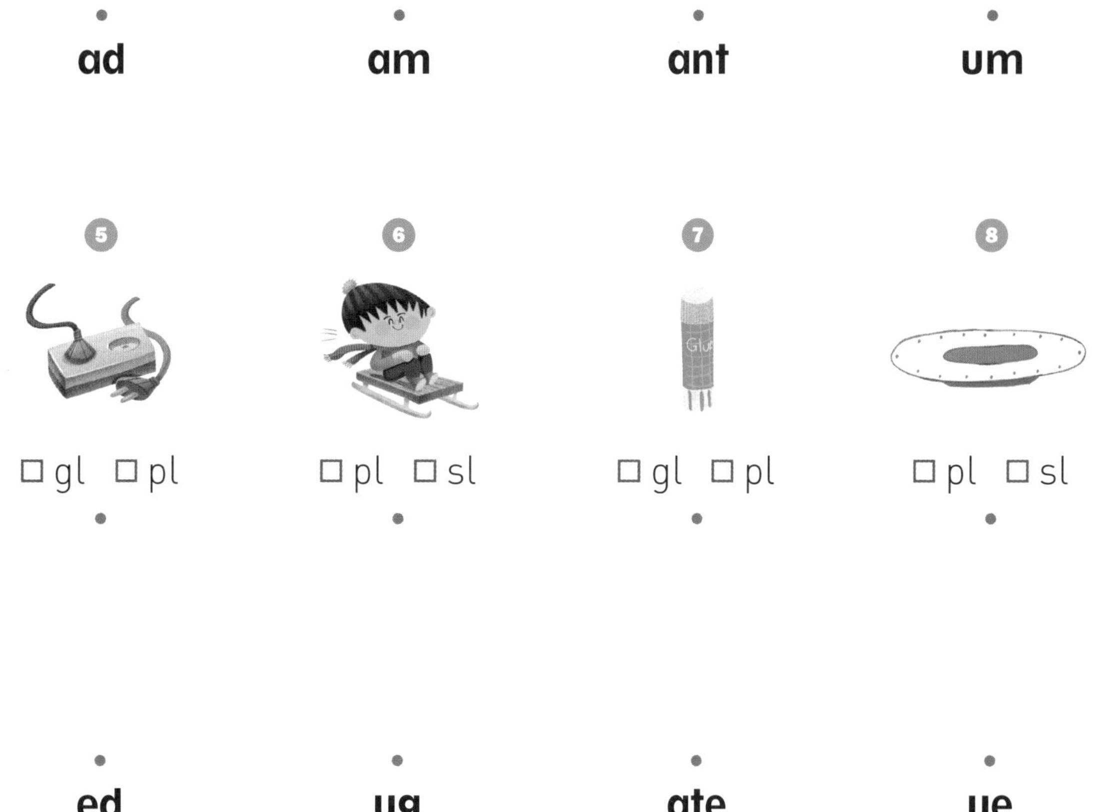

Glu

5 □ gl □ pl
6 □ pl □ sl
7 □ gl □ pl
8 □ pl □ sl

ed ug ate ue

정답 p. 203

3단계 이중자음 읽기

unit 3

brand

이중자음 **br-**, **cr-**, **dr-**, **fr-**이 들어간 단어

글자와 소리

109

소리를 듣고 글자를 따라 읽어 보세요.

● r과 짝을 이루는 글자를 익혀 보세요.

b + r = br	c + r = cr	d + r = dr	f + r = fr
[b] [r] [br / 브ㄹ]	[k] [r] [kr / 크ㄹ]	[d] [r] [dr / 드ㄹ]	[f] [r] [fr / 프ㄹ]
bra bre	cra cre	dra dre	fra fre
bri bro	cri cro	dri dro	fri fro
bru	cru	dru	fru

단어와 소리

110 

먼저 전체 단어를 듣고 따라 읽어 보세요. 그 다음 빈칸을 채우면서 철자와 뜻을 익혀 보세요.

brand

[br] + [ænd]
상표

noKE

__ __ and　　br __ __ __

br __ nd

bra __ __

---

brick

[br] + [ɪk]
벽돌

● ck는 [k/ㅋ]로 발음해요.

__ __ ick　　br __ __ __

br __ ck

bri __ __

brush

[br]+[ʌʃ]
솔, 솔질하다

__ __ ush br __ __ __

br __ sh

bru __ __

crab

[kr]+[æb]
게

__ __ ab cr __ __

cr __ b

cra __

crack

[kr]+[æk]
금이 가다

__ __ ack cr __ __ __

cr __ ck

__ __ a __ __

crisp

[kr]+[ɪsp]
바삭바삭한

__ __ isp cr __ __ __

cr __ sp

cri __ __

drum

[dr]+[ʌm]
드럼, 북

__ __ um dr __ __

dr __ m

dru __

3단계
이중자음 읽기

단어를 비교하며 듣고 따라 읽어 보세요.

• gum ····· hum ····· drum ····· plum • bring ····· brick • back ····· lack ····· black

dress

[dr] + [es]
드레스

● ss는 [s/ㅅ]로 발음해요.

___ ___ ess dr___ ___ ___

dr___ ss

dre___ ___ ____________

drink

[dr] + [ɪŋk]
마시다

___ ___ ink dr___ ___ ___

dr___ nk

dri___ ___ ____________

frog

[fr] + [ɔːg]
개구리

___ ___ og fr___ ___

fr___ g

___ ___ o___ ____________

frost

[fr] + [ɔːst]
서리

___ ___ ost fr___ ___ ___

fr___ st

___ ___ o___ ___ ____________

frame

[fr] + [eɪm]
틀, 액자

● a 뒤에 매직 e가 붙으면 [eɪ/에이]로 발음해요.

___ ___ ame fr___ ___ ___

fr___ m___

___ ___ a___ e ____________

단어를 비교하며 듣고 따라 읽어 보세요.  112

• blink ······ clink ······ drink • blame ······ flame ······ frame ······ shame

이중자음 br-, cr-, dr-, fr- br, cr, dr, fr 복습

113

A 단어를 듣고 첫소리에 표시한 뒤, 나머지 철자와 연결하세요.

1
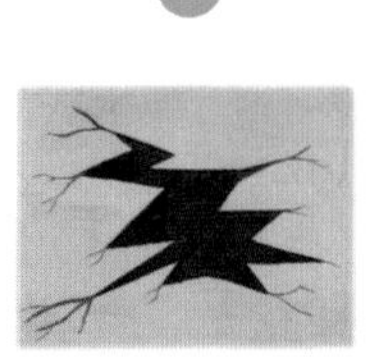
□ br □ cr

2

□ cr □ dr

3

noKE

□ br □ fr

4

□ dr □ fr

and **um** **ack** **ab**

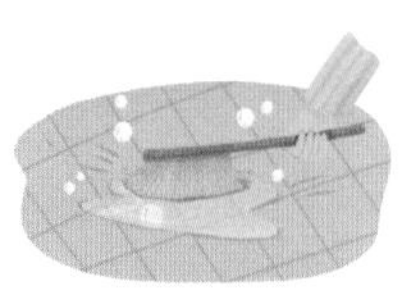
□ br □ cr

□ dr □ fr

□ br □ dr

8

□ br □ dr

ush **ink** **ick** **ame**

3단계 이중자음 읽기

정답 p. 203

grass

이중자음 **gr-, pr-, tr-, wr-**이 들어간 단어

글자와 소리

114

소리를 듣고 글자를 따라 읽어 보세요.

● w 뒤에 r이 따라오면 w는 발음을 안 해요.

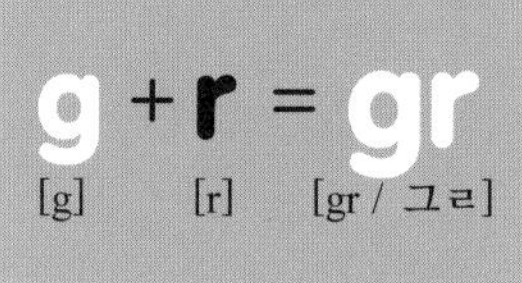

g + r = gr
[g] [r] [gr / 그ㄹ]

p + r = pr
[p] [r] [pr / 프ㄹ]

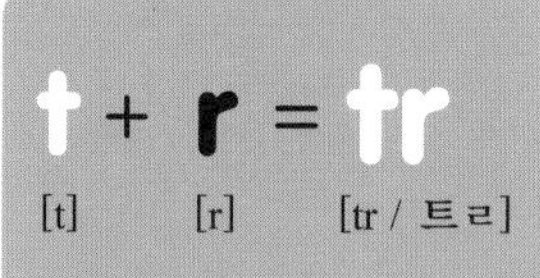

t + r = tr
[t] [r] [tr / 트ㄹ]

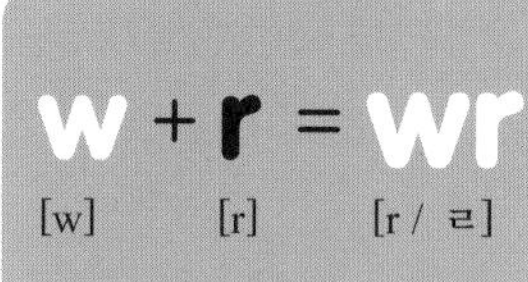

w + r = wr
[w] [r] [r / ㄹ]

gra gre gri gro gru

pra pre pri pro pru

tra tre tri tro tru

wra wre wri wro wru

단어와 소리

115

먼저 전체 단어를 듣고 따라 읽어 보세요. 그 다음 빈칸을 채우면서 철자와 뜻을 익혀 보세요.

grass

[gr] + [æs]
잔디

__ __ ass　gr __ __ __

gr __ ss

__ __ a __ __ ____

grape

[gr] + [eɪp]
포도

● a 뒤에 매직 e가 붙으면 [eɪ/에이]로 발음해요.

__ __ ape　gr __ __ __

gr __ pe

__ __ a __ __ ____

grill

[gr] + [ɪl]
그릴

● ll은 [l]로 발음해요.

___ ___ ill gr___ ___ ___

gr___ll

gri___ ___

price

[pr] + [aɪs]
가격

● i 뒤에 매직 e가 붙으면 [aɪ/아이]로 발음해요.

₩10,000

___ ___ ice pr___ ___ ___

pr___c___

___ ___ ___ ce

pride

[pr] + [aɪd]
자부심

___ ___ ide pr___ ___ ___

pr___d___

pri___ ___

print

[pr] + [ɪnt]
인쇄하다

___ ___ int pr___ ___ ___

pr___nt

pr___ ___ ___

trap

[tr] + [æp]
덫

___ ___ ap tr___ ___

tr___p

___ ___ a___

단어를 비교하며 듣고 따라 읽어 보세요. 116

• grass …… glass • ride …… bride …… gride • rice …… price

3단계 이중자음 읽기

trash

[tr] + [æʃ]
쓰레기

___ ___ ash tr ___ ___ ___

tr ___ sh

___ ___ a ___ ___

tree

[tr] + [iː]
나무

___ ___ ee tr ___ ___

tr ___ e

___ ___ e ___

wrap

[r] + [æp]
감싸다

___ ___ ap wr ___ ___

wr ___ p

___ ___ a ___

wrist

[r] + [ɪst]
손목

___ ___ ist wr ___ ___ ___

wr ___ st

___ ___ i ___ ___

write

[r] + [aɪt]
쓰다

● i 뒤에 매직 e가 붙으면 [aɪ/아이]로 발음해요.

___ ___ ite wr ___ ___ ___

wr ___ te

___ ___ i ___ ___

단어를 비교하며 듣고 따라 읽어 보세요. 117

• drip …… grip …… trip • lap …… clap …… rap …… wrap

이중자음 gr-, pr-, tr-, wr- gr, pr, tr, wr 복습

118

A 단어를 듣고 첫소리에 표시한 뒤, 나머지 철자와 연결하세요.

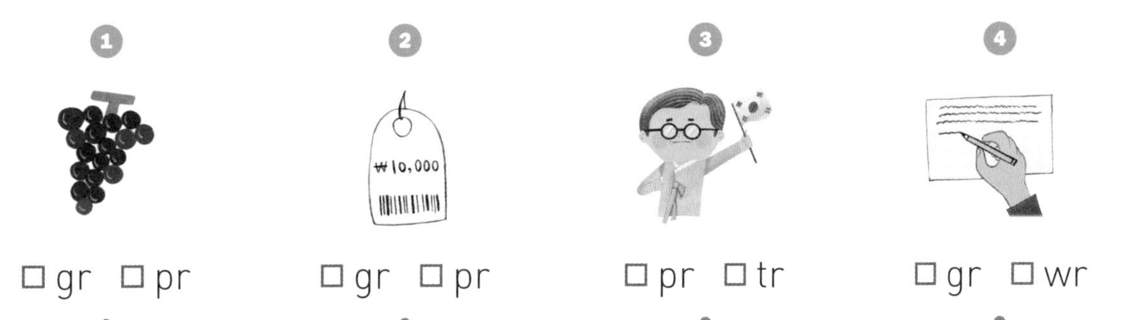

₩10,000

1 □ gr □ pr
2 □ gr □ pr
3 □ pr □ tr
4 □ gr □ wr

ice **ite** **ape** **ide**

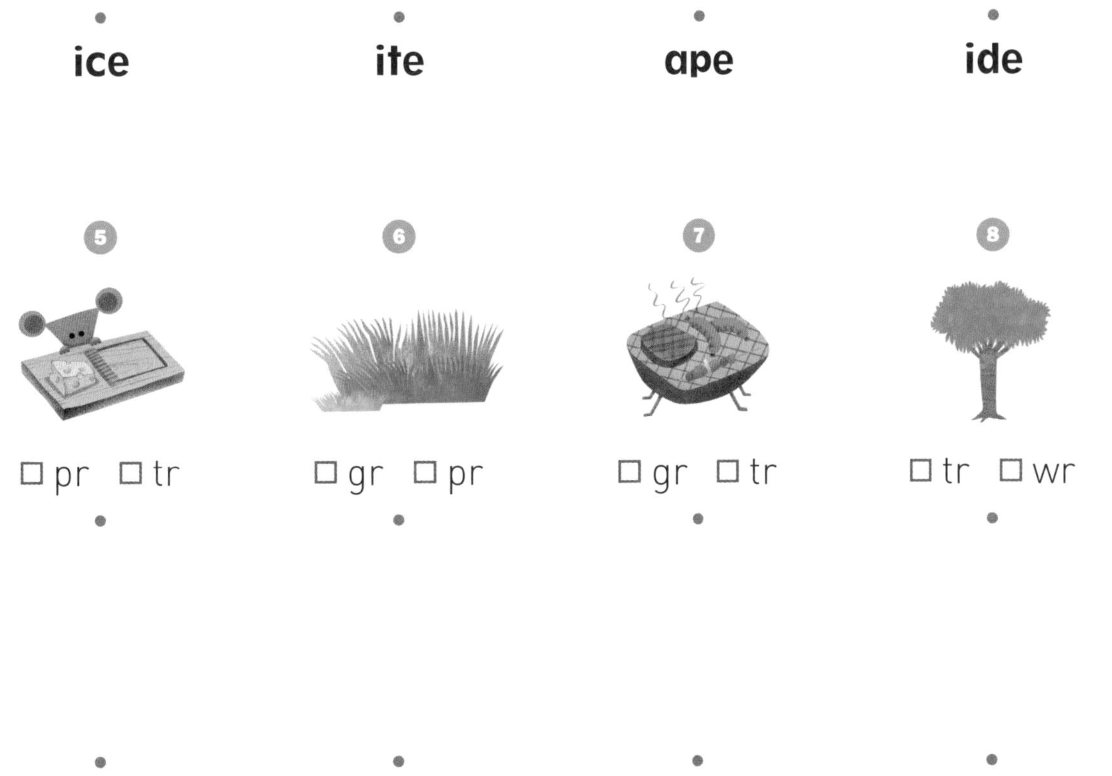

5 □ pr □ tr
6 □ gr □ pr
7 □ gr □ tr
8 □ tr □ wr

ill **ap** **ee** **ass**

3단계 이중자음 읽기

정답 p. 203

연습 문제

A. 빈칸에 공통으로 들어갈 철자를 〈보기〉에서 찾아 써 보세요.

보기

am ue um ass ice ide

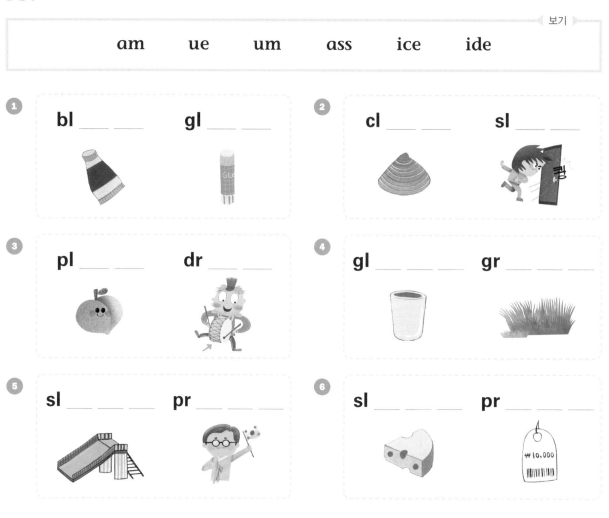

❶ bl ___ ___ gl ___ ___

❷ cl ___ ___ sl ___ ___

쾅

❸ pl ___ ___ dr ___ ___

❹ gl ___ ___ ___ gr ___ ___ ___

❺ sl ___ ___ ___ pr ___ ___ ___

❻ sl ___ ___ ___ pr ___ ___ ___

₩10,000

B. 빈칸에 알맞은 철자와 연결한 뒤 빈칸을 채우세요.

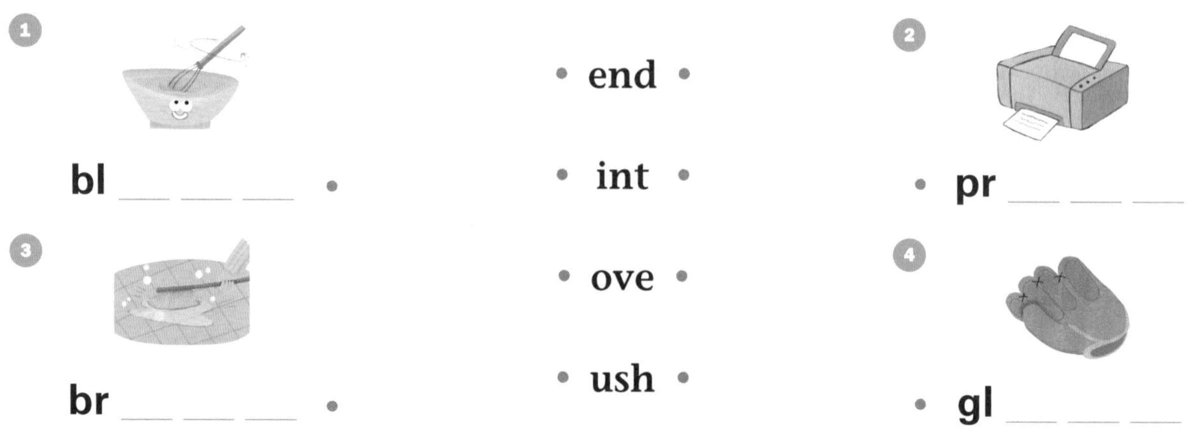
❶
bl ___ ___ ___
❷
pr ___ ___ ___
❸
br ___ ___ ___
❹
gl ___ ___ ___
end
int
ove
ush

C. 〈보기〉에서 알맞은 철자를 찾아 단어를 완성하세요.

보기

bl cl fl pl | br fr gr tr wr

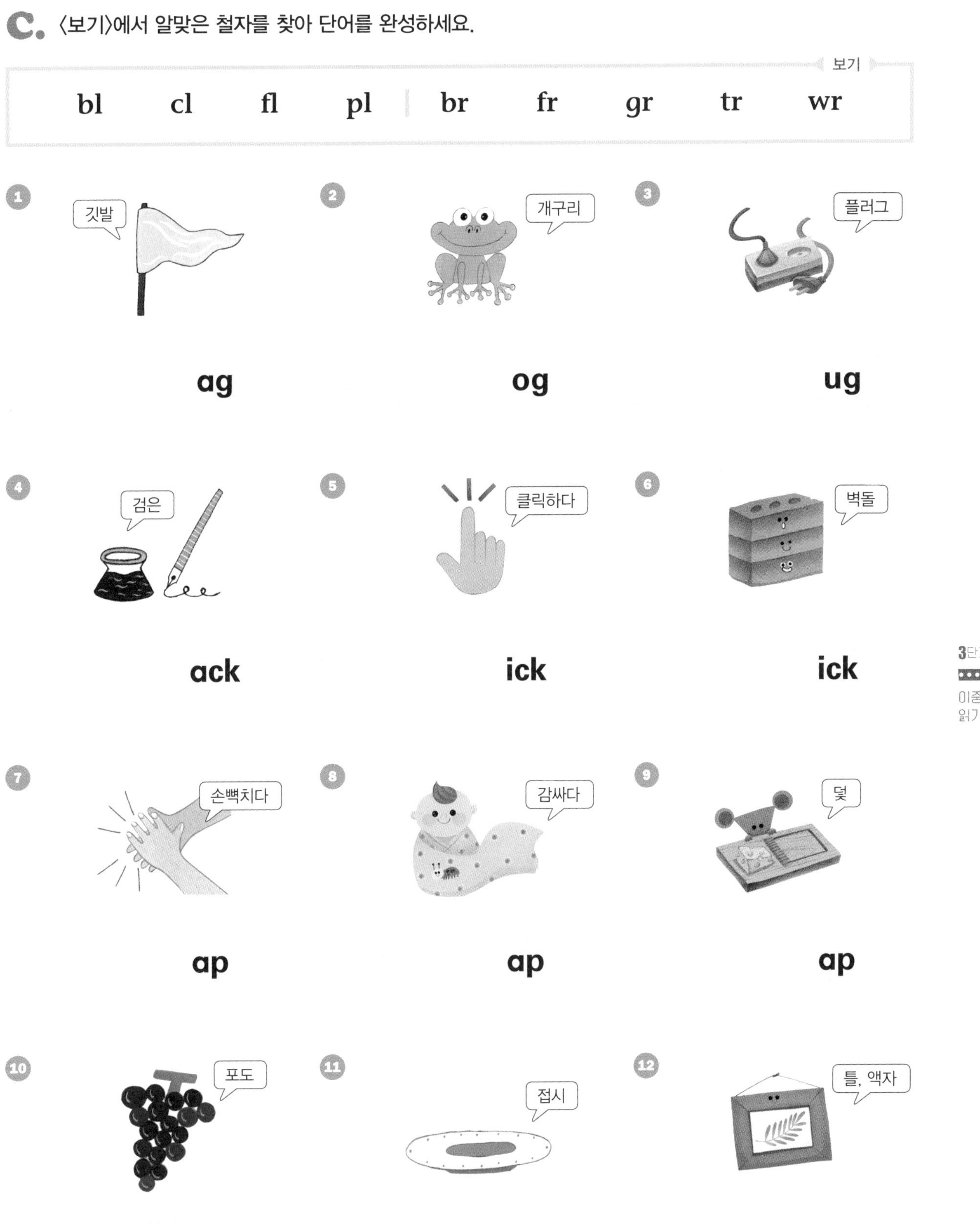
1
깃발
ag
2
개구리
og
3
플러그
ug
4
검은
ack
5
클릭하다
ick
6
벽돌
ick
7
손뼉치다
ap
8
감싸다
ap
9
덫
ap
10
포도
ape
11
접시
ate
12
틀, 액자
ame

3단계
이중자음 읽기

정답 p. 204

unit 5

smash

이중자음 ***sm-***, ***sn-***, ***sp-***, ***sw-***가 들어간 단어

글자와 소리

119

소리를 듣고 글자를 따라 읽어 보세요.

● s와 짝을 이루는 글자를 익혀 보세요.

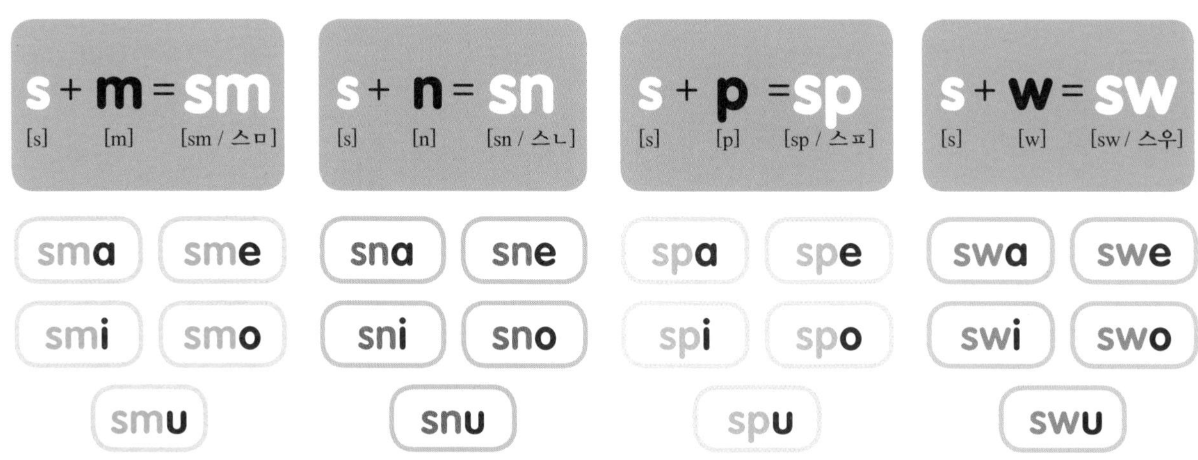

s + m = sm
[s] [m] [sm / 스ㅁ]
s + n = sn
[s] [n] [sn / 스ㄴ]
s + p = sp
[s] [p] [sp / 스ㅍ]
s + w = sw
[s] [w] [sw / 스우]
sma sme
smi smo
smu
sna sne
sni sno
snu
spa spe
spi spo
spu
swa swe
swi swo
swu

단어와 소리

120

먼저 전체 단어를 듣고 따라 읽어 보세요. 그 다음 빈칸을 채우면서 철자와 뜻을 익혀 보세요.

smash

[sm]+[æʃ]
박살나다

__ __ ash   sm __ __ __

sma __ h

__ __ a __ __

smell

[sm]+[el]
냄새

● ll은 [l]로 발음해요.

__ __ ell   sm __ __ __

sm __ ll

sme __ __

smoke

[sm] + [oʊk]
연기

● o 뒤에 매직 e가 붙으면 [oʊ/오우]로 발음해요.

__ __ oke sm __ __ __

sm __ ke

smo __ __

snap

[sn] + [æp]
딱 부러뜨리다

__ __ ap sn __ __

sn __ p

__ __ a __

snack

[sn] + [æk]
간식

__ __ ack sn __ __ __

sn __ ck

__ __ a __ __

snake

[sn] + [eɪk]
뱀

● a 뒤에 매직 e가 붙으면 [eɪ/에이]로 발음해요.

__ __ ake sn __ __ __

sn __ ke

__ __ a __ __

speak

[sp] + [i:k]
말하다

● ea는 '이'를 길게 발음해요.

__ __ eak sp __ __ __

sp __ __ k

__ __ ea __

단어를 비교하며 듣고 따라 읽어 보세요. 121

• sell ······ well ······ smell ······ spell ······ swell • smoke ······ spoke

3단계
이중자음 읽기

spill

[sp]+[ɪl]
쏟다

ill sp
sp ll
i

sport

[sp]+[ɔːrt]
스포츠

ort rt
sp t
sp

swan

[sw]+[ɑːn]
백조

an sw
sw n
a

swim

[sw]+[ɪm]
수영하다

im sw
sw m
i

swing

[sw]+[ɪŋ]
그네

ing sw
sw ng
i

단어를 비교하며 듣고 따라 읽어 보세요. 122

• dim ······ skim ······ slim ······ swim • sing ······ wing ······ swing

이중자음
sm-, sn-, sp-, sw-

sm, sn, sp, sw 복습

123

A 단어를 듣고 첫소리에 표시한 뒤, 나머지 철자와 연결하세요.

1 2 3 4

1	2	3	4
□ sm □ sn	□ sm □ sn	□ sp □ sw	□ sm □ sp
an	**ell**	**ack**	**ash**

3단계
이중자음 읽기

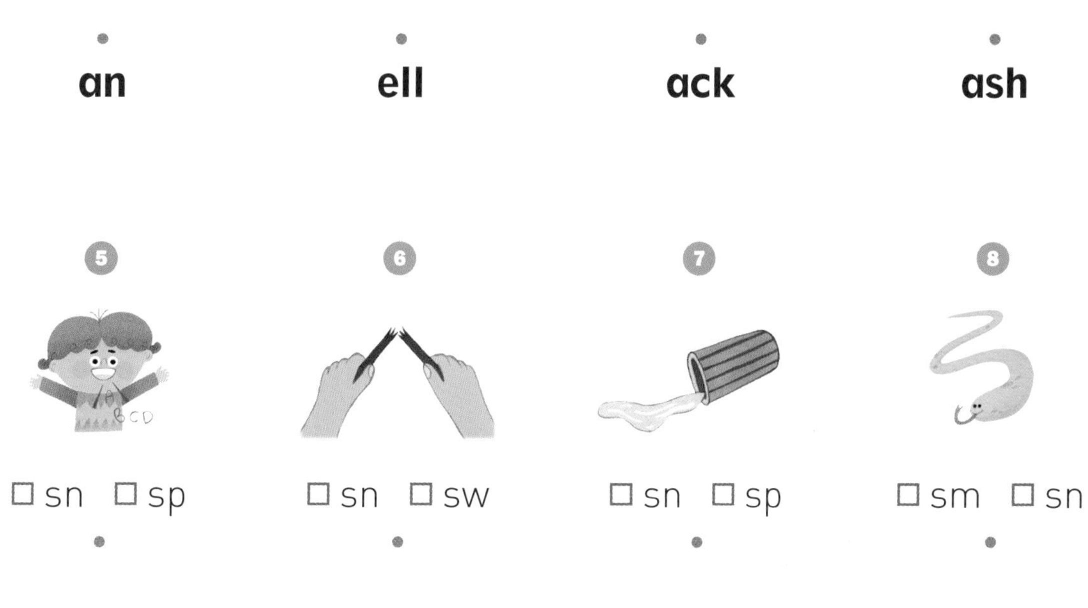

5	6	7	8
□ sn □ sp	□ sn □ sw	□ sn □ sp	□ sm □ sn
ill	**ake**	**ap**	**eak**

정답 p. 204

● h와 짝을 이루는 글자를 익혀 보세요.
두 글자가 하나로 소리나요.

이중자음 ***ch-, -ch, sh-, -sh***가 들어간 단어

글자와 소리

124 

소리를 듣고 글자를 따라 읽어 보세요.

● [tʃ]는 혀를 굴리 뒤 잇몸에 붙였다 떼며 우리말 [취]처럼 발음해요.

c + h = ch
[k] [h] [tʃ / 취]

cha che atch ench
chi cho ich itch
chu unch

● [ʃ]는 [s]보다 입을 좀 더 앞으로 동그랗게 내밀고 우리말 [쉬]처럼 발음해요.

s + h = sh
[s] [h] [ʃ / 쉬]

sha she ash esh
shi sho ish osh
shu ush

단어와 소리

125 

먼저 전체 단어를 듣고 따라 읽어 보세요. 그 다음 빈칸을 채우면서 철자와 뜻을 익혀 보세요.

chat

[tʃ] + [æt]
잡담하다

__ __ at　ch __ __
ch __ t　☐☐☐☐
__ __ a __　______

chin

[tʃ] + [ɪn]
턱

__ __ in　ch __ __
ch __ n　☐
__ __ i __　______

chop

[tʃ] + [ɑp]
썰다

__ __ op   ch __ __

ch __ p

__ __ __ p   ________

bench

[ben] + [tʃ]
벤치

ben __ __   ben __ __

__ __ __ ch

b __ __ __ __ ________

catch

[kæt] + [tʃ]
잡다

cat __ __   cat __ __

__ __ __ ch

c __ __ __ __ ________

lunch

[lʌn] + [tʃ]
점심, 도시락

lun __ __   lun __ __

__ __ __ ch

l __ __ __ __ ________

ship

[ʃ] + [ɪp]
배

__ __ ip   sh __ __

sh __ p

__ __ i __   ________

3단계
이중자음 읽기

단어를 비교하며 듣고 따라 읽어 보세요. 126

- chin ····· spin ····· twin
- bunch ····· lunch ····· punch ····· crunch

shop

[ʃ]+[ɑːp]
가게

선발 가게

__ __ op　sh __ __

sh __ __

__ __ o __

---

shut

[ʃ]+[ʌt]
닫다

__ __ ut　sh __ __

sh __ __

__ __ u __

---

cash

[kæ]+[ʃ]
현금

ca __ __　ca __ __

__ __ sh

c __ __ __

---

dish

[dɪ]+[ʃ]
접시

di __ __　di __ __

__ __ sh

__ __ __ h

---

rush

[rʌ]+[ʃ]
돌진하다

ru __ __　ru __ __

__ __ sh

r __ __ __

단어를 비교하며 듣고 따라 읽어 보세요.  127

- dish ······ fish ······ wish
- hush ······ rush ······ blush ······ brush

이중자음 ch-, -ch, sh-, -sh ch, sh 복습

128 

A 단어를 듣고 첫소리에 표시한 뒤, 나머지 철자와 연결하세요.

선발 가게

①	②	③	④
□ ch □ sh	□ ch □ sh	□ ch □ sh	□ ch □ sh

op **in** **at**

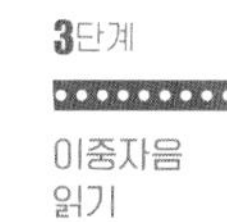

3단계
이중자음 읽기

B 단어를 듣고 빈칸에 들어갈 첫소리를 〈보기〉에서 찾아 써 보세요.

1000

보기

ca cat lun ru

① lun ch ② ______ sh ③ ______ ch ④ ______ sh

정답 p. 204

unit
7

laugh

● h와 짝을 이루는 글자를 익혀 보세요. 두 글자가 하나로 소리나요.

이중자음 **-gh, ph-, th-, -th**가 들어간 단어

글자와 소리

129

소리를 듣고 글자를 따라 읽어 보세요.

g + h = gh
[g] [h] [f / ㅍ]

p + h = ph
[p] [h] [f / ㅍ]

t + h = th
[t] [h] [θ / ㅆ]

tha the thi tho thu

ath eth ith oth uth

● [θ]는 윗니와 아랫니 사이로 혀를 살짝 내밀고 바람을 불어 발음해요.

단어와 소리

130

먼저 전체 단어를 듣고 따라 읽어 보세요. 그 다음 빈칸을 채우면서 철자와 뜻을 익혀 보세요.

laugh

[læ] + [f]
웃다

lau__ __ lau__ __

__ augh

__ __ __ gh ______

rough

[rʌ] + [f]
거친

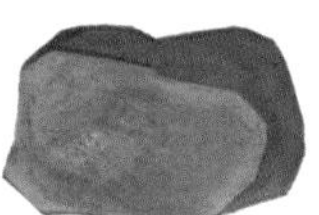

rou__ __ rou__ __

__ ough

__ __ __ gh ______

tough

[tʌ] + [f]
강한, 어려운

tou __ __ tou __ __
__ ough
__ __ __ gh

phone

[f] + [oʊn]
전화기

• o 뒤에 매직 e가 붙으면 [oʊ/오우]로 발음해요.

__ __ one __ __ one
ph __ __ __
__ __ __ __ e

photo

[f] + [oʊtoʊ]
사진

__ __ oto __ __ oto
ph __ t __
ph __ __ __

thin

[θ] + [ɪn]
얇은, 가는

__ __ in __ __ in
th __ __

thank

[θ] + [æŋk]
감사하다

__ __ ank __ __ ank
th __ nk
th __ __ __

3단계
이중자음 읽기

듣고 멈추지 말고 세 번씩 읽어 보세요. 131

bone …… cone …… hone …… zone …… clone …… phone …… scone

think

[θ]+[ɪŋk]
생각하다

___ ___ ink ___ ___ ink
th ___ nk
th ___ ___ ___ ________

three

[θ]+[riː]
3, 셋

● ee는 '이'를 길게 발음해요.

___ ___ ree ___ ___ ree
thr ___ ___
th ___ ___ ___ ________

bath

[bæ]+[θ]
목욕

ba ___ ___ ba ___ ___
___ ___ th
b ___ ___ ___ ________

math

[mæ]+[θ]
수학

2+3=5
2×3=6

ma ___ ___ ma ___ ___
m ___ th
___ ___ th ________

teeth

[tiː]+[θ]
치아

● ee는 '이'를 길게 발음해요.

tee ___ ___ tee ___ ___
t ___ ___ th
___ ___ ___ th ________

단어를 비교하며 듣고 따라 읽어 보세요. 132

• teeth ······ teen • bath ······ math • mad ······ mat ······ math

이중자음
-gh, ph-, th-, -th

gh, ph, th 복습

133

A 단어를 듣고 첫소리와 끝소리를 〈보기〉에서 찾아 순서대로 써 보세요.

보기

첫소리 ph- lau- rou- | 끝소리 -gh -oto -one

1 p h o t o

2

3

4

B th가 첫소리인지 끝소리인지 잘 듣고, 〈보기〉에서 글자를 찾아 단어를 완성해 보세요.

보기

th | in tee ba ink

1 b a

2

3

4

정답 p. 205

unit 8

이중자음 ***qu-***, ***-ng***, ***kn-***, ***-mb***가 들어간 단어

글자와 소리

134

소리를 듣고 글자를 따라 읽어 보세요.

● 두 글자가 함께 다닐 때, 하나로 소리가 나요.

qu [kw]

ng [ŋ]

ang ing ong ung

● 두 글자가 함께 다닐 때, 한 글자만 소리가 나는 경우가 있어요.

k + n = kn [n]

m + b = mb [m]

단어와 소리

135

먼저 전체 단어를 듣고 따라 읽어 보세요. 그 다음 빈칸을 채우면서 철자와 뜻을 익혀 보세요.

cake *vs.* quake	keen *vs.* queen	know *vs.* no	knight *vs.* night	climb *vs.* clime

quick

[kw] + [ɪk]
빠른

__ __ ick
qu __ ck
qui __ __

qu __ __ __

quiz

[kw] + [ɪz]
퀴즈

__ __ iz
qu __ __
__ u __ __

q __ __ __

queen

[kw] + [iːn]
여왕

● ee는 '이'를 길게 발음해요.

__ __ een qu __ __ __

qu __ __ __

qu __ __ __

long

[lɔː] + [ŋ]
긴

lo __ __ lo __ __

__ ong

__ __ ng

sting

[stɪ] + [ŋ]
찌르다

sti __ __ sti __ __

st __ __ __

__ __ __ ng

spring

[sprɪ] + [ŋ]
봄

spri __ __ spri __ __

spr __ __ __

__ __ __ ing

kneel

[n] + [iːl]
무릎 꿇다

__ __ eel kn __ __ __

kn __ __ __

__ __ eel

단어를 비교하며 듣고 따라 읽어 보세요. 136

- kick ····· lick ····· click ····· quick
- wing ····· swing ····· sting ····· thing

3단계 이중자음 읽기

knock

[n]+[ɑːk]
노크하다

____ ____ ock kn ____ ____ ____

kn ____ ____ ____ □□□□

____ ____ ock ________

knight

[n]+[aɪt]
기사

• ght의 gh는 소리가 안 나요.

____ ____ ight k ____ ____ ____ ____ ____

kn ____ ght □□

kni ____ ____ ____ ________

comb

[koʊ]+[m]
빗

____ ____ mb co ____ ____

c ____ mb □

____ ____ mb ________

lamb

[læ]+[m]
새끼양

____ ____ mb la ____ ____

____ amb □□□

____ ____ mb ________

thumb

[θʌ]+[m]
엄지손가락

thu ____ ____ th ____ ____ ____

th ____ mb □□□□□

____ ____ ____ mb ________

단어를 비교하며 듣고 따라 읽어 보세요. 137

• s ight …… l ight …… sl ight • r ight …… br ight …… fr ight

이중자음
qu-, -ng,
kn-, -mb
qu, ng, kn, mb
복습
138

A 단어를 듣고 첫소리에 표시한 뒤, 나머지 철자와 연결하세요.

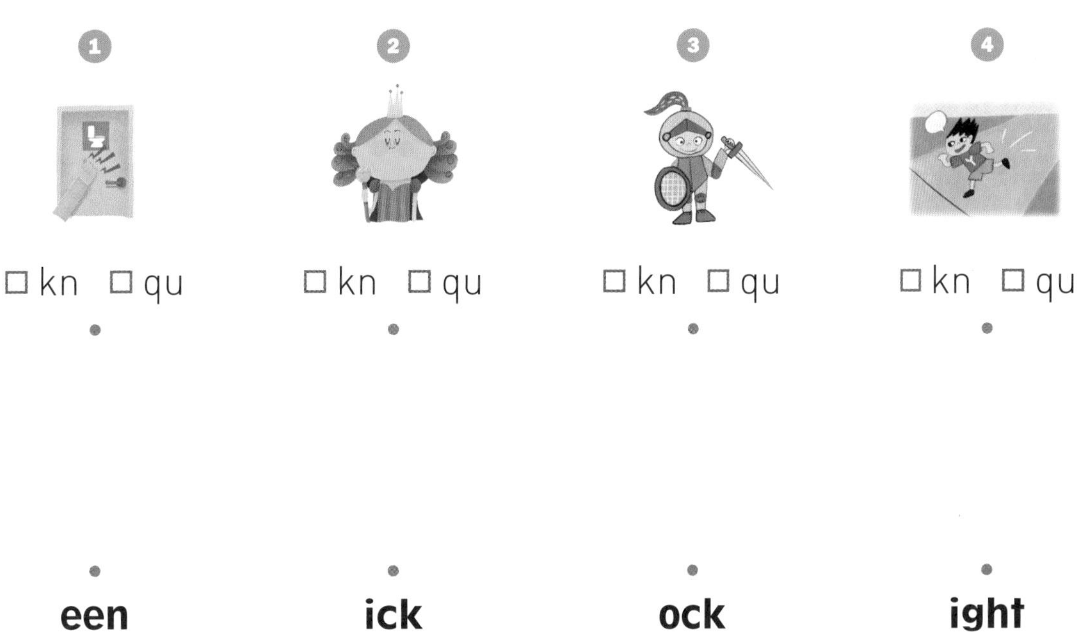

1	2	3	4
□ kn □ qu	□ kn □ qu	□ kn □ qu	□ kn □ qu
een	ick	ock	ight

B 단어를 듣고 빈칸에 들어갈 첫소리를 〈보기〉에서 찾아 써 보세요.

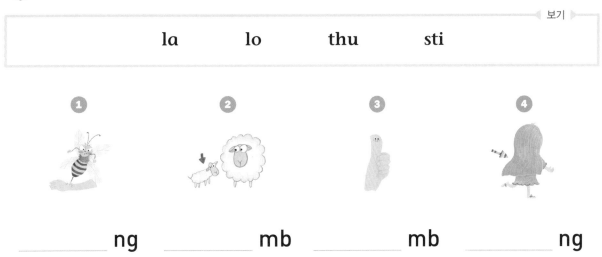

보기

la lo thu sti

1	2	3	4
______ ng	______ mb	______ mb	______ ng

정답 p. 205

연습 문제

A. 빈칸에 공통으로 들어갈 철자를 〈보기〉에서 찾아 써 보세요.

보기

in　op　ash　ath　ing　ough

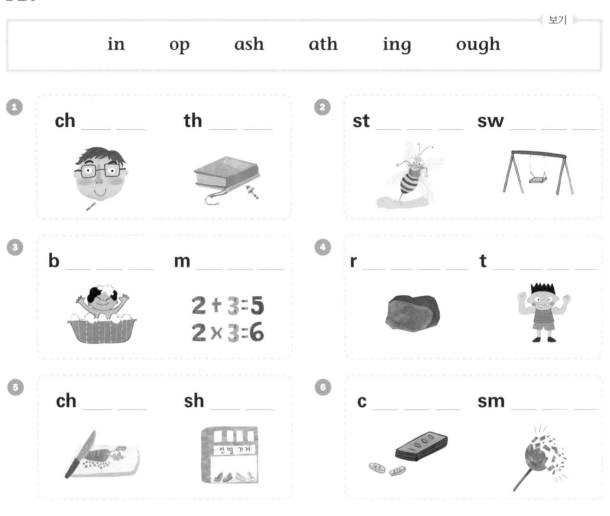

1. ch __ __　th __ __
2. st __ __ __　sw __ __ __
3. b __ __ __　m __ __ __
4. r __ __ __ __　t __ __ __ __
5. ch __ __　sh __ __
6. c __ __ __　sm __ __ __

B. 빈칸에 알맞은 철자와 연결한 뒤 빈칸을 채우세요.

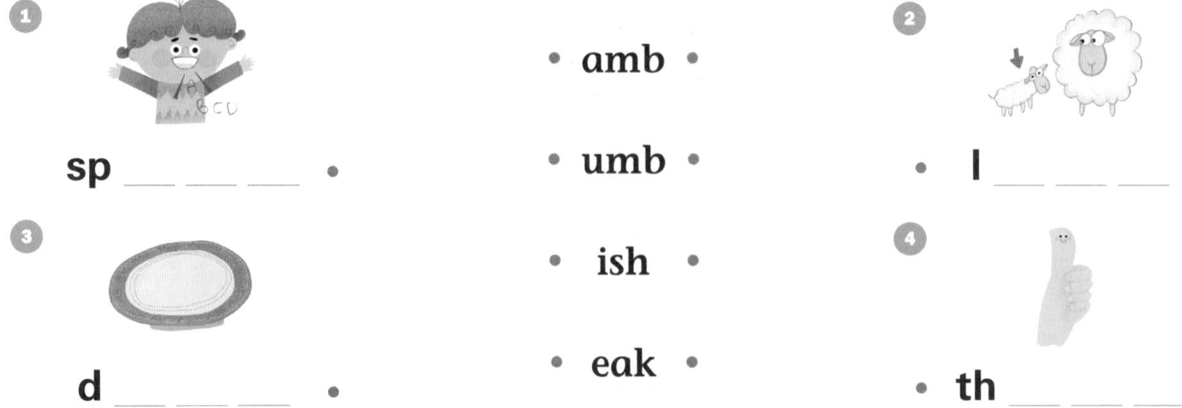

1. sp __ __ __
2. l __ __ __
3. d __ __ __
4. th __ __ __

amb　umb　ish　eak

C. 〈보기〉에서 알맞은 철자를 찾아 단어를 완성하세요.

보기

ch ph | sn sm sw | kn qu

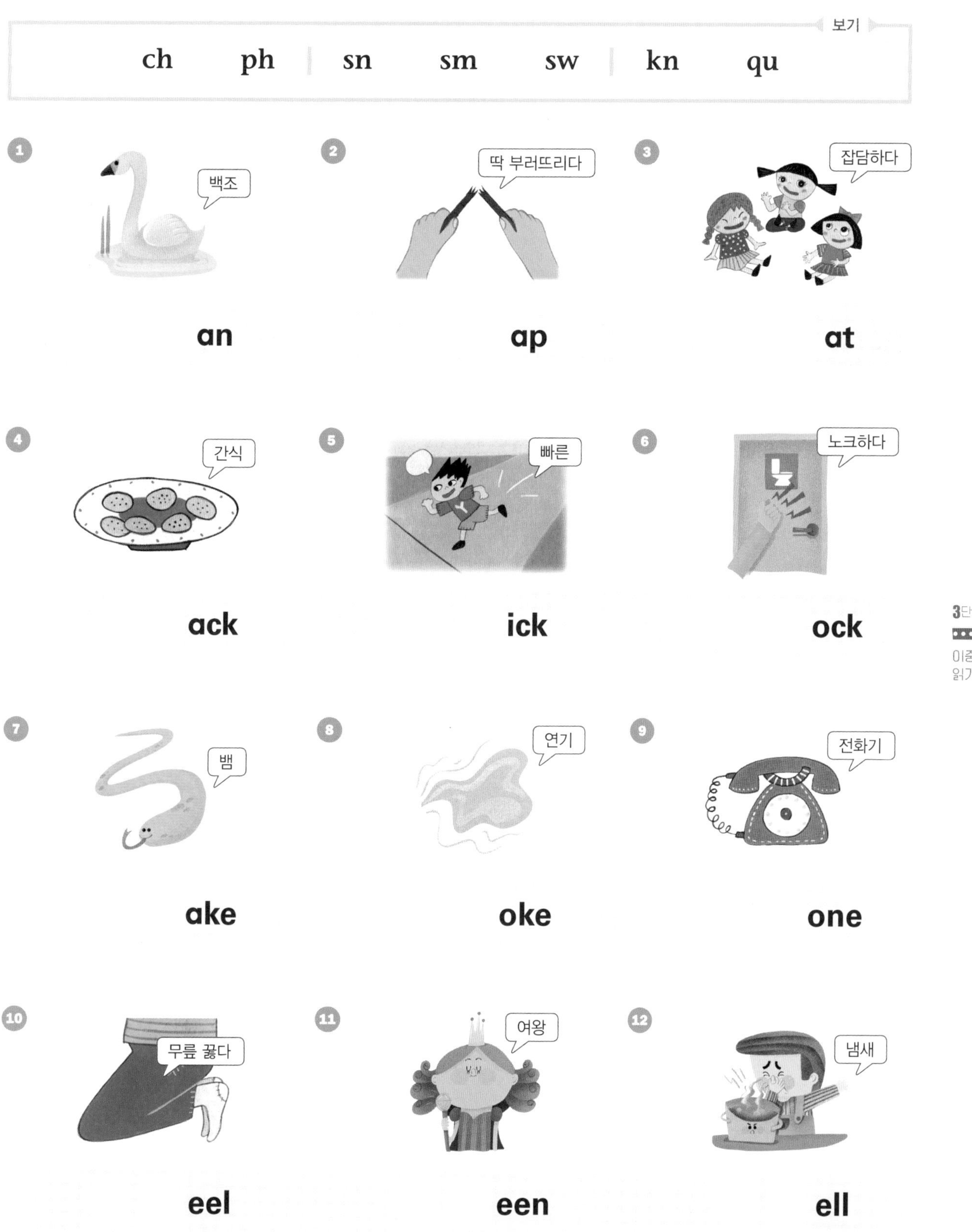

1
백조
an
2
딱 부러뜨리다
ap
3
잡담하다
at
4
간식
ack
5
빠른
ick
6
노크하다
ock
7
뱀
ake
8
연기
oke
9
전화기
one
10
무릎 꿇다
eel
11
여왕
een
12
냄새
ell

3단계
이중자음 읽기

정답 p. 205

STEP 3

종복습

- 이중자음 단어 읽기 -

손가락으로 글자를 짚으면서 단어를 혼자 읽어 보세요.
처음 보는 단어도 파닉스 규칙을 이용해서 읽어 보세요.

bl
[bl]

blue
black
blank
blend
block

cl
[kl]

clam
clap
click
cliff
clock

fl
[fl]

flag
flat
floss
flower
flute

gl
[gl]

glad
glue
glass
glove

pl
[pl]

plane
plant
plate
plum
plug

sl
[sl]

slam
sled
slim
slice
slide

br

[br]

brand

brick

brush

cr

[kr]

crab

crack

crisp

crown

dr

[dr]

draw

drum

dress

drink

drive

fr

[fr]

frog

frost

frame

gr

[gr]

grow

grass

grape

grill

green

pr

[pr]

price

pride

print

prize

prune

tr

[tr]

trap

tree

train

trash

truck

wr

[r]

wrap

wreck

wrist

write

wrote

sm

[sm]

smash

smell

smile

smoke

sn

[sn]

snap

snack

snake

sniff

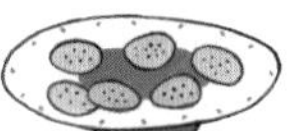

sp

[sp]

spot

space

speak

spill

sport

sw

[sw]

swan

swim

swing

switch

ch-

[tʃ]

chat

chin

chip

chop

chase

-ch

[tʃ]

ben**ch**

cat**ch**

lun**ch**

mat**ch**

wat**ch**

sh-

[ʃ]

shame

ship

shop

shut

shape

-sh

[ʃ]

ca**sh**

di**sh**

fi**sh**

ru**sh**

wi**sh**

th-

[θ]

thin

thank

think

three

thumb

3

-th

[θ]

ba**th**

ma**th**

tee**th**

mo**th**

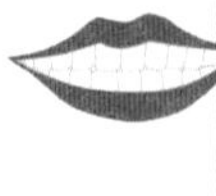

-gh
[f]

lau**gh**
rou**gh**
tou**gh**

ph-
[f]

phone
photo

qu-
[kw]

quit
quiz
queen
quick
quite

kn-
[n]

knit
kneel
knife
knock
knight

-mb
[m]

co**mb**
du**mb**
la**mb**
thu**mb**

도전!

sk	st	-ing	-ong
[sk]	[st]	[ɪŋ]	[ɔːŋ]
skid	**st**op	br**ing**	l**ong**
skin	**st**age	cl**ing**	wr**ong**
skip	**st**ing	th**ing**	str**ong**
skate	**st**ock	str**ing**	
	stone	spr**ing**	

혼자서 잘 읽어 봤나요? 들으면서 다시 한 번 따라 읽어 보세요. 139

3단계 이중자음 읽기

STEP 4

이중모음 읽기

Double-letter Vowel Sounds

모음과 모음이 만나면 첫 모음의 이름으로 발음해요.

140 

두 개 이상의 모음이 연속해서 오는 것을 '이중모음'이라고 해요.

이때 보통 첫 모음의 이름으로 발음을 해요. 물론, 예외도 있어요.

두 모음의 소리를 비교해 보세요.

a + i = ai	[eɪ/에이]	bit *vs.* bait
a + y = ay	[eɪ/에이]	by *vs.* bay
e + a = ea	[iː/이ː]	hat *vs.* heat
e + e = ee	[iː/이ː]	ten *vs.* teen
o + a = oa	[oʊ/오우]	bat *vs.* boat
o + w = ow	[oʊ/오우]	moan *vs.* mown

heat

boat

같은 글자인데 다른 발음이 나는 경우도 있어요.

141 

oo ≠ oo

[uː / 우ː] [ʊ / 우]

spoon

• oo를 길게

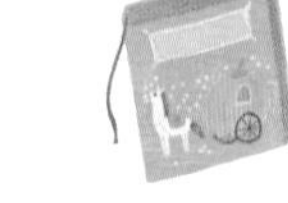

book

• oo를 짧게

다른 글자인데 같은 소리가 나는 경우도 있어요.

ow는 [oʊ/오우] 소리뿐만 아니라 [ɑʊ/아우] 소리도 나요.

oi
= 
oy

ow
= 
ou

[ɔɪ / 오이]	[ɔɪ / 오이]	[aʊ / 아우]	[aʊ / 아우]
foil	boy	cow	count

cow

모음과 r이 합쳐지면서 같이 다녀요.

142

a + r = ar [ɑ:(r) / 아알] cat *vs.* cart

o + r = or [ɔ:r / 오얼] pot *vs.* port

er, ir, ur은 같은 소리가 나요.

e + r = er [ɜ:r / 얼] gem *vs.* germ

i + r = ir [ɜ:r / 얼] bid *vs.* bird

u + r = ur [ɜ:r / 얼] hut *vs.* hurt

bird

4단계
이중모음 읽기

이중모음 ***-ai-*, *-ay***가 들어간 단어

글자와 소리

143 

소리를 듣고 글자를 따라 읽어 보세요.

a + i = ai	a + y = ay
[æ] [ɪ] [eɪ]	[æ] [ɪ] [eɪ]

● 모음과 모음이 만날 때는 첫 모음의 이름으로 발음해요. 그래서 ai와 ay는 같은 소리가 나요.

단어와 소리

144 

먼저 전체 단어를 듣고 따라 읽어 보세요. 그 다음 빈칸을 채우면서 철자와 뜻을 익혀 보세요.

by *vs.* bay	my *vs.* may	try *vs.* tray
may *vs.* mail	say *vs.* sail	way *vs.* wait

mail

[m] + [eɪ] + [l]
우편물

m ___ ___ l   ___ ___ ___ l

___ ai ___

m ___ ___ ___   ___________

nail

[n] + [eɪ] + [l]
손톱, 못

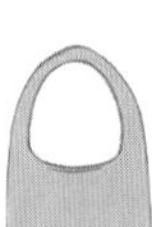 

n ___ ___ l   ___ ___ ___ l

___ ai ___

n ___ ___ ___   ___________

snail

[sn]+[eɪ]+[l]
달팽이

sn __ __ l　__ __ __ __ l

__ __ ai __

sn __ __ __

wait

[w]+[eɪ]+[t]
기다리다

w __ __ t　__ __ __ t

__ ai __

w __ __ __

rain

[r]+[eɪ]+[n]
비, 비오다

r __ __ n　__ __ __ n

__ ai __

r __ __ __

paint

[p]+[eɪ]+[nt]
페인트칠하다

p __ __ nt　__ __ __ nt

__ ai __ __

p __ __ __ __

hay

[h]+[eɪ]
건초

h __ __　__ __ __

__ ay

h __ __

단어를 비교하며 듣고 따라 읽어 보세요. 145

• mail ····· male • pail ····· pale • pail ····· pain • faint ····· paint

lay

[l] + [eɪ]
눕다, 놓다

l __ __ __ __ __

__ ay

l __ __ __________

clay

[kl] + [eɪ]
찰흙

cl __ __ __ __ __ __

__ __ ay

cl __ __ __________

pray

[pr] + [eɪ]
기도하다

pr __ __ __ __ __ __

__ __ ay

pr __ __ __________

tray

[tr] + [eɪ]
쟁반

tr __ __ __ __ __ __

__ __ ay

tr __ __ __________

spray

[spr] + [eɪ]
뿌리다

spr __ __ s __ __ __ __

__ __ __ ay

spr __ __ __________

단어를 비교하며 듣고 따라 읽어 보세요.

146

- h**ay** ······ h**ey**
- pr**ay** ······ pr**ey**
- w**ay** ······ w**eigh**

이중모음 -ai-, -ay ai, ay 복습

147 

A 단어를 듣고 해당되는 모음에 표시하세요.

1 ☑ai ☐ay
2 ☐ai ☐ay
3 ☐ai ☐ay
4 ☐ai ☐ay
5 ☐ai ☐ay
6 ☐ai ☐ay

B 단어를 듣고 해당되는 단어를 〈보기〉에서 골라 써 보세요.

보기

pray tray spray snail wait rain

BUS
tray

4단계

이중모음 읽기

정답 p. 206

이중모음 ***-ea-*, *-ee-***가 들어간 단어

글자와 소리

148 

소리를 듣고 글자를 따라 읽어 보세요.

e + a = ea
[e] [æ] [iː]

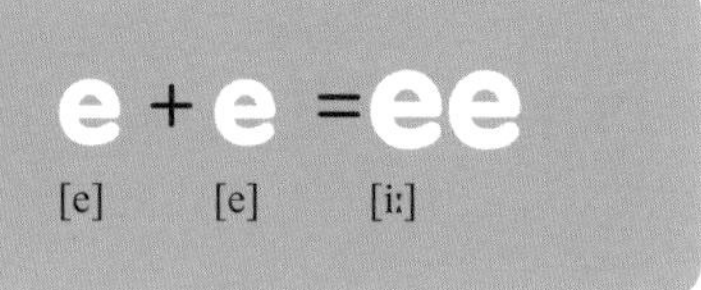

● ea와 ee는 같은 소리가 나요.

단어와 소리

149 

먼저 전체 단어를 듣고 따라 읽어 보세요. 그 다음 빈칸을 채우면서 철자와 뜻을 익혀 보세요.

sea *vs.* see	beat *vs.* beet	feat *vs.* feet	flea *vs.* flee
heal *vs.* heel	leak *vs.* leek	meat *vs.* meet	read *vs.* reed

tea

[t] + [iː]
차

t __ __ __ __ __

__ ea

t __ __

beak

[b] + [iː] + [k]
부리

b __ __ k __ __ __ k

__ ea __

b __ __ __

read

[r] + [iː] + [d]
읽다

r __ __ d __ __ __ d

__ ea __

r __ __ __

leaf

[l] + [iː] + [f]
잎

l __ __ f __ __ __ f

__ ea __

l __ __ __

meal

[m] + [iː] + [l]
식사

m __ __ l __ __ __ l

__ ea __

m __ __ __

seal

[s] + [iː] + [l]
바다표범, 물개

s __ __ l __ __ __ l

__ ea __

s __ __ __

see

[s] + [iː]
보다

● 같은 발음의 sea는 '바다'라는 뜻이에요.

s __ __ __ __ __

__ ee

s __ __

단어를 비교하며 듣고 따라 읽어 보세요. 150

• tea ······ tea**ch** ······ tea**m** • see ······ see**d** ······ see**k** • sea ······ sea**l** ······ sea**t**

4단계
이중모음 읽기

beef

[b] + [iː] + [f]
소고기

b ___ ___ f　___ ___ ___ f

___ ee ___

b ___ ___ ___　__________

---

heel

[h] + [iː] + [l]
뒤꿈치

● 같은 발음의 heal은 '치유하다'라는 뜻이에요.

h ___ ___ l　___ ___ ___ l

___ ee ___

h ___ ___ ___　__________

---

seed

[s] + [iː] + [d]
씨, 씨앗

s ___ ___ d　___ ___ ___ d

___ ee ___

s ___ ___ ___　__________

---

green

[gr] + [iː] + [n]
초록의

gr ___ ___ n　___ ___ ___ ___ n

___ ___ ee ___

gr ___ ___ ___　__________

---

sleep

[sl] + [iː] + [p]
자다

sl ___ ___ p　___ ___ ___ ___ p

___ ___ ee ___

sl ___ ___ ___　__________

단어를 비교하며 듣고 따라 읽어 보세요. 151

• feel ····· peel
• feed ····· need ····· seed
• keep ····· sheep ····· sleep

이중모음 -ea-, -ee- ea, ee 복습

152 

A 단어를 듣고 해당되는 단어를 〈보기〉에서 골라 써 보세요.

보기

tea see seed heel meal seal

1

2

3

4

5

6

보기

beak beef leaf read sleep green

7

8

9

10

11

12

정답 p. 206

4단계 이중모음 읽기

boat

이중모음 **-oa-, -ow**가 들어간 단어

글자와 소리

153 

소리를 듣고 글자를 따라 읽어 보세요.

o + a = oa
[ɑ] [æ] [oʊ]

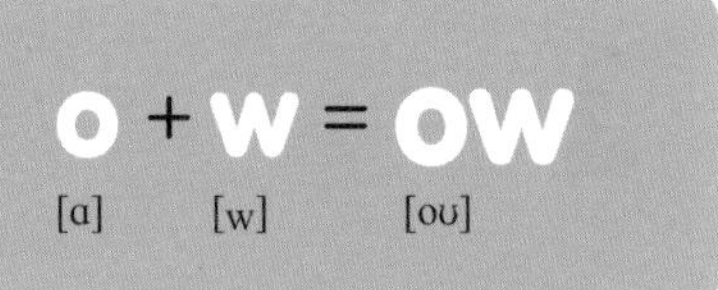

o + w = ow
[ɑ] [w] [oʊ]

● oa와 ow는 같은 소리가 나요.

단어와 소리

154 

먼저 전체 단어를 듣고 따라 읽어 보세요. 그 다음 빈칸을 채우면서 철자와 뜻을 익혀 보세요.

bat *vs.* boat	flat *vs.* float	got *vs.* goat	rod *vs.* road
moan *vs.* mown	so *vs.* sow	no *vs.* know	

● oa와 ow는 o의 이름처럼 [oʊ/오우] 소리가 나요.

boat

[b] + [oʊ] + [t]
보트

b __ __ t　　__ __ __ t

__ oa __

b __ __ __　　________

coat

[k] + [oʊ] + [t]
외투, 코트

c __ __ t　　__ __ __ t

__ oa __

c __ __ __　　________

goat

[g]+[oʊ]+[t]
염소

g ___ ___ t　___ ___ ___ t
___ oa ___
g ___ ___ ___　__________

road

[r]+[oʊ]+[d]
길

r ___ ___ d　___ ___ ___ d
___ oa ___
r ___ ___ ___　__________

coast

[k]+[oʊ]+[st]
해안

c ___ ___ st　___ ___ ___ st
___ oa ___ ___
c ___ ___ ___ ___　__________

toast

[t]+[oʊ]+[st]
토스트

t ___ ___ st　___ ___ ___ st
___ oa ___ ___
t ___ ___ ___ ___　__________

tow

[t]+[oʊ]
끌다, 견인하다

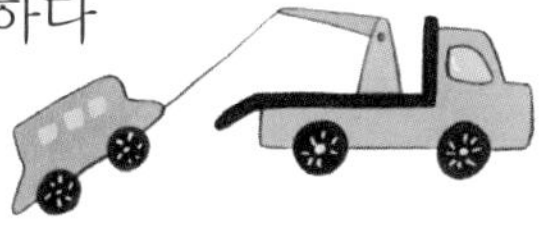

t ___ ___　___ ___ ___
___ ow
t ___ ___　__________

4단계 이중모음 읽기

단어를 비교하며 듣고 따라 읽어 보세요. 155

• goal ····· goat　• boast ····· coast ····· roast ····· toast

crow

[kr] + [oʊ]
까마귀

cr ___ ___
___ ___ ow
cr ___ ___

flow

[fl] + [oʊ]
흐르다

fl ___ ___
___ ___ ow
fl ___ ___

grow

[gr] + [oʊ]
자라다

gr ___ ___
___ ___ ow
gr ___ ___

know

[n] + [oʊ]
알다

● know의 k는 소리가 안 나요.

kn ___ ___
___ ___ ow
kn ___ ___

snow

[sn] + [oʊ]
눈, 눈오다

sn ___ ___
___ ___ ow
sn ___ ___

단어를 비교하며 듣고 따라 읽어 보세요. 156

• bow ······ low ······ blow ······ flow ······ slow • crow ······ grow ······ throw

이중모음 -oa-, -ow oa, ow 복습

157 

A 단어를 듣고 해당되는 모음에 표시하세요.

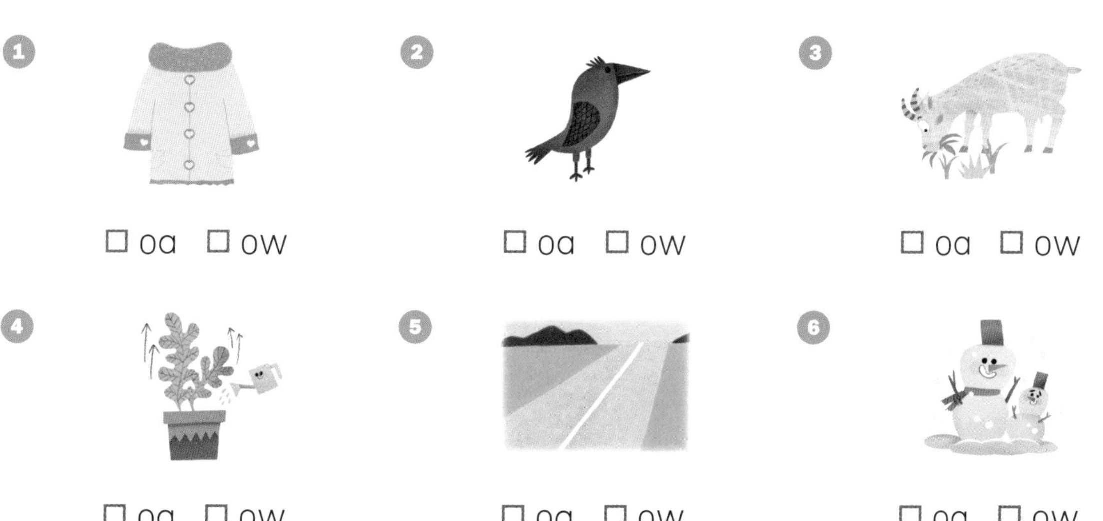

1 ☐ oa ☐ ow

2 ☐ oa ☐ ow

3 ☐ oa ☐ ow

4 ☐ oa ☐ ow

5 ☐ oa ☐ ow

6 ☐ oa ☐ ow

B 단어를 듣고 해당되는 단어를 〈보기〉에서 골라 써 보세요.

보기

tow flow know coast toast boat

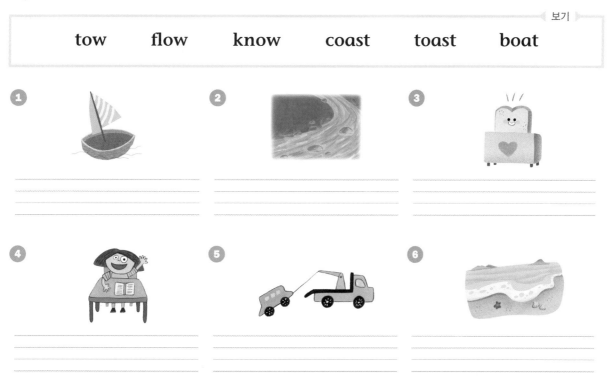

1 ____________

2 ____________

3 ____________

4 ____________

5 ____________

6 ____________

정답 p. 206

unit
4

oil

이중모음 ***-oi-*, *-oy***가 들어간 단어

글자와 소리

158

소리를 듣고 글자를 따라 읽어 보세요.

o + i = oi
[ɑ] [ɪ] [ɔɪ]

o + y = oy
[ɑ] [j / ㅇ]] [ɔɪ]

● oi와 oy는 같은 소리가 나요. 둘 다 [ɔɪ/오이]로 발음해요.

단어와 소리

159

먼저 전체 단어를 듣고 따라 읽어 보세요. 그 다음 빈칸을 채우면서 철자와 뜻을 익혀 보세요.

fill *vs.* foil	bill *vs.* boil	most *vs.* moist
nose *vs.* noise	by *vs.* boy	say *vs.* soy

oil

[ɔɪ] + [l]
기름

__ __ l　　__ __ l

oi __

o __ __

boil

[b] + [ɔɪ] + [l]
끓이다

b __ __ l　　__ __ __ l

__ oi __

b __ __ __

foil

[f] + [ɔɪ] + [l]
포일

f ___ ___ l　　___ ___ ___ l

___ oi ___

f ___ ___ ___　　______________

soil

[s] + [ɔɪ] + [l]
흙, 땅

s ___ ___ l　　___ ___ ___ l

___ oi ___

s ___ ___ ___　　______________

spoil

[sp] + [ɔɪ] + [l]
망치다

sp ___ ___ l　　___ ___ ___ ___ l

___ ___ oi ___

sp ___ ___ ___　　______________

coin

[k] + [ɔɪ] + [n]
동전

c ___ ___ n　　___ ___ ___ n

___ oi ___

c ___ ___ ___　　______________

join

[dʒ] + [ɔɪ] + [n]
참가하다

j ___ ___ n　　___ ___ ___ n

___ oi ___

j ___ ___ ___　　______________

단어를 비교하며 듣고 따라 읽어 보세요. 160

- fail ······ foil
- sail ······ soil
- tail ······ toil
- cane ······ coin

point

[p]+[ɔɪ]+[nt]
가리키다

p ___ ___ nt ___ ___ ___ nt

___ oint

poi ___ ___

moist

[m]+[ɔɪ]+[st]
촉촉한

m ___ ___ st ___ ___ ___ st

___ oi ___ ___

m ___ ___ ___ ___

boy

[b]+[ɔɪ]
소년

b ___ ___ ___ oy

___ oy

b ___ ___

soy

[s]+[ɔɪ]
간장, 콩

s ___ ___ ___ oy

___ oy

s ___ ___

toy

[t]+[ɔɪ]
장난감

t ___ ___ ___ oy

___ oy

t ___ ___

단어를 비교하며 듣고 따라 읽어 보세요.  161

• bay …… boy • say …… soy • tray …… Troy • paint …… point

이중모음 -oi-, -oy oi, oy 복습

162

A 단어를 듣고 해당되는 모음에 표시하세요.

1 □ oi □ oy
2 □ oi □ oy
3 □ oi □ oy
4 □ oi □ oy
5 □ oi □ oy
6 □ oi □ oy

B 단어를 듣고 해당되는 단어를 〈보기〉에서 골라 써 보세요.

보기

oil foil spoil coin moist soy

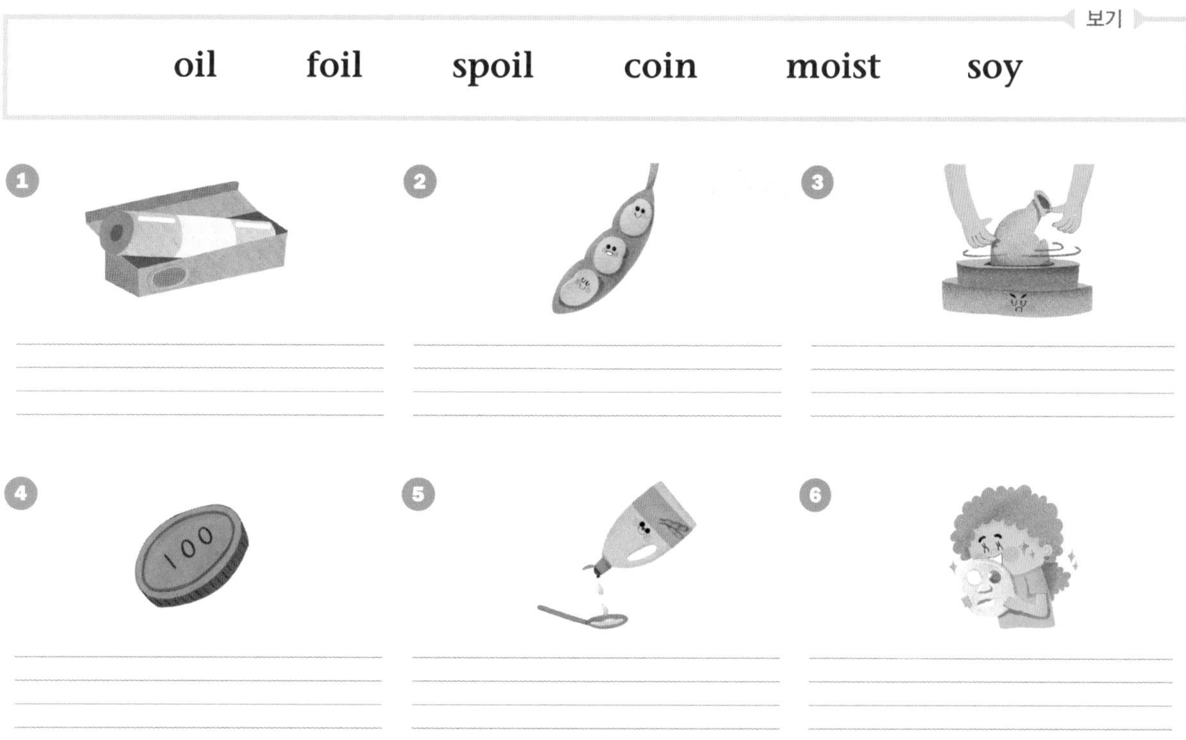

1
2
3
4
100
5
6

정답 p. 206

4단계
이중모음 읽기

연습 문제

A. 빈칸에 공통으로 들어갈 철자를 〈보기〉에서 찾아 써 보세요.

보기

ail　oat　oin　oast

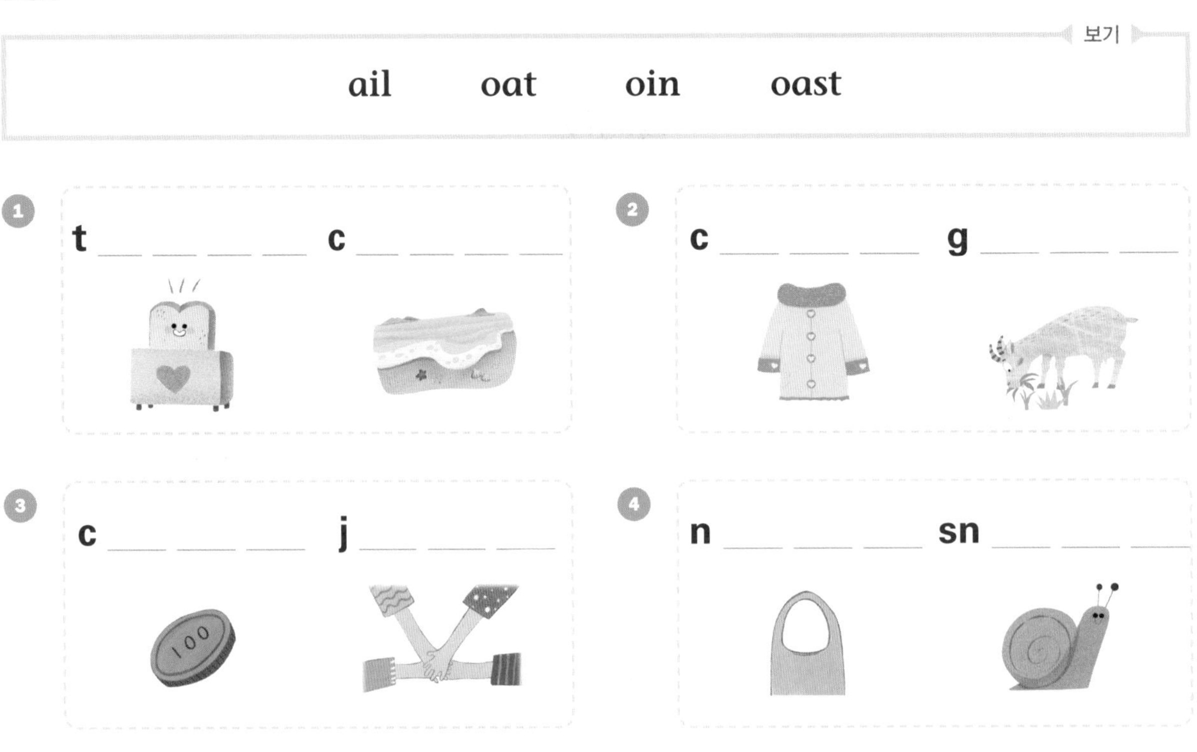

1 t ___ ___ ___ ___ c ___ ___ ___ ___
2 c ___ ___ ___ g ___ ___ ___
3 c ___ ___ ___ j ___ ___ ___
100
4 n ___ ___ ___ sn ___ ___ ___

B. 빈칸에 공통으로 들어갈 철자에 표시한 후 빈칸을 채우세요.

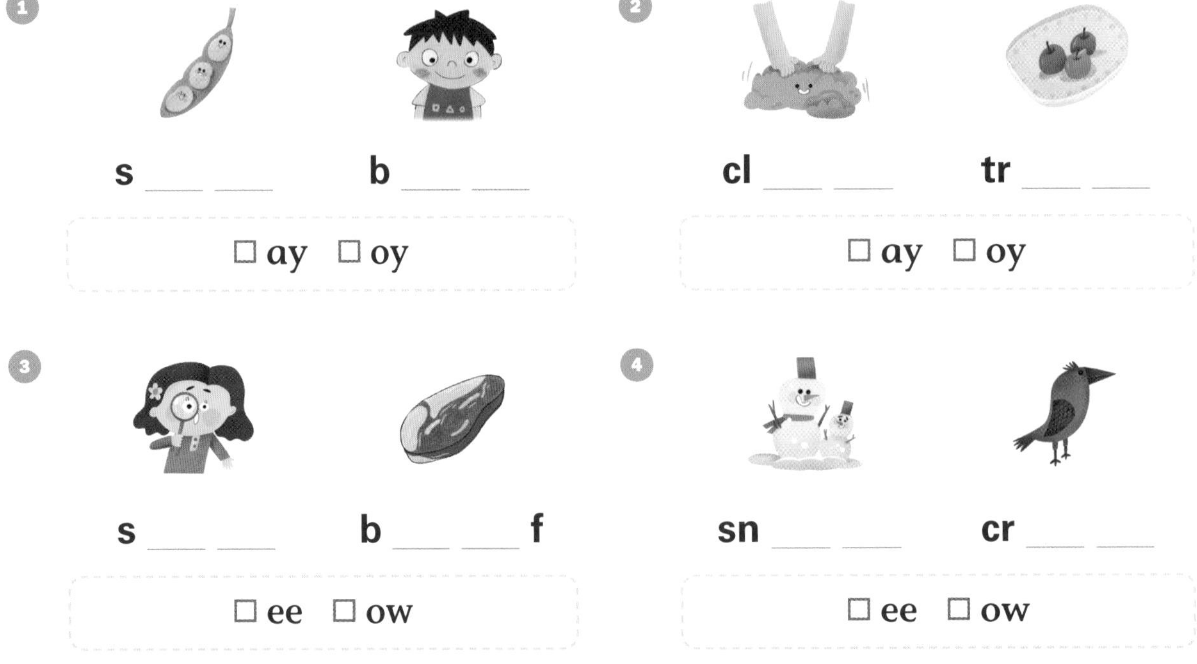

1 s ___ ___ b ___ ___
☐ ay ☐ oy
2 cl ___ ___ tr ___ ___
☐ ay ☐ oy
3 s ___ ___ b ___ ___ f
☐ ee ☐ ow
4 sn ___ ___ cr ___ ___
☐ ee ☐ ow

C. 〈보기〉에서 알맞은 철자를 찾아 단어를 완성하세요.

보기

ai ea ee oa oi oy ow

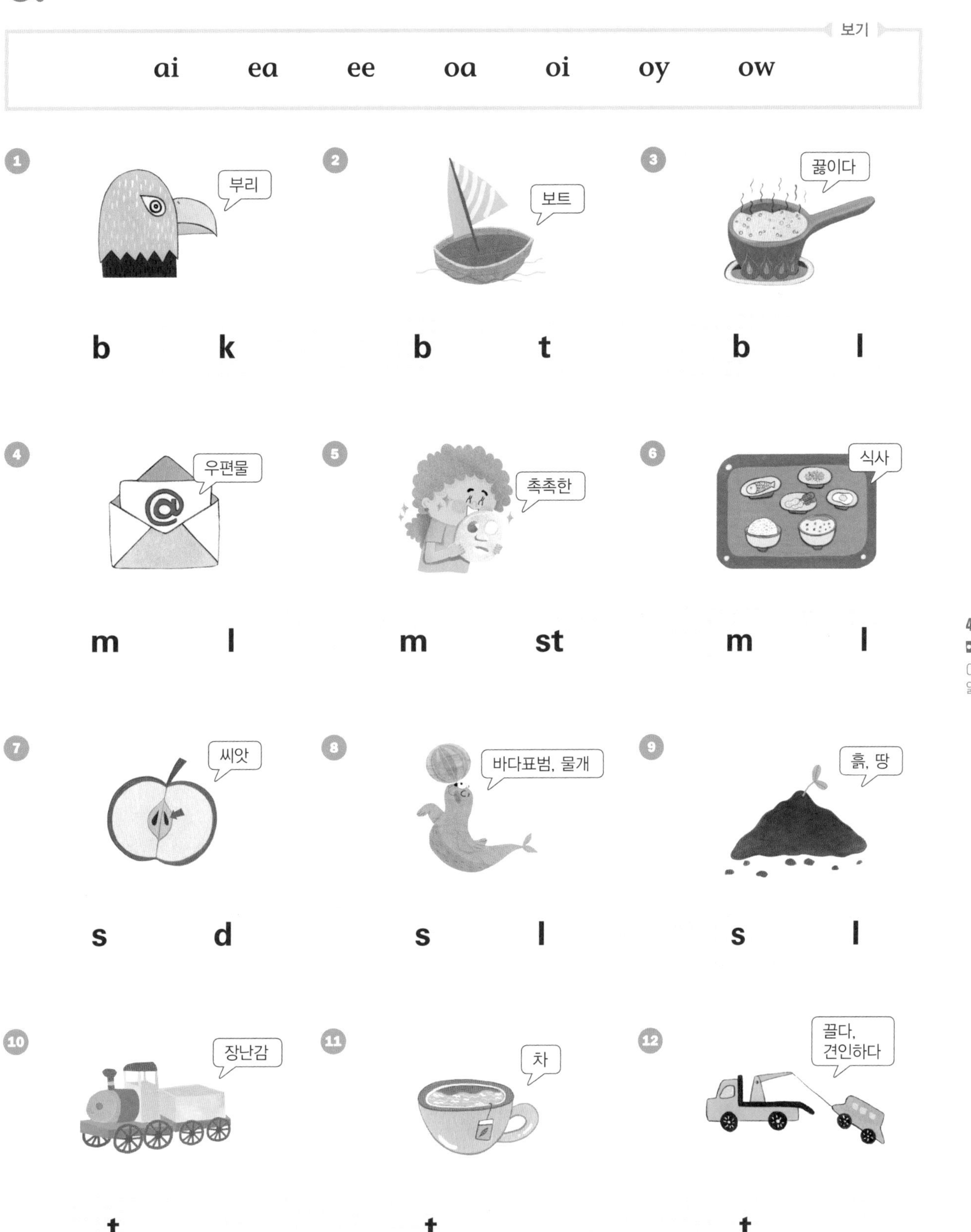

1
부리
b k
2
보트
b t
3
끓이다
b l
4
우편물
m l
5
촉촉한
m st
6
식사
m l
7
씨앗
s d
8
바다표범, 물개
s l
9
흙, 땅
s l
10
장난감
t
11
차
t
12
끌다, 견인하다
t

정답 p. 207

4단계 이중모음 읽기

unit 5

food

이중모음 **-oo-**가 들어간 단어

글자와 소리

163 

소리를 듣고 글자를 따라 읽어 보세요.

o + o = oo
[ɑ] [ɑ] [u:]

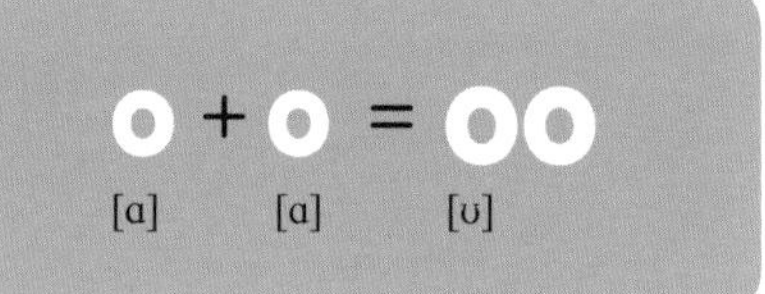

o + o = oo
[ɑ] [ɑ] [ʊ]

● oo는 길게 [u:/우:] 또는 짧은 [ʊ/우] 소리가 나요.

단어와 소리

164 

먼저 전체 단어를 듣고 따라 읽어 보세요. 그 다음 빈칸을 채우면서 철자와 뜻을 익혀 보세요.

hop [ɑ] *vs.* hoop [u:]

son [ʌ] *vs.* soon [u:]

shot [ɑ] *vs.* shoot [u:]

● o와 oo의 소리를 비교해 봐요.

food [u:] *vs.* wood [ʊ]

fool [u:] *vs.* wool [ʊ]

root [u:] *vs.* foot [ʊ]

● oo는 단어에 따라 발음이 다르니 함께 익혀야 해요.

food

[f] + [u:] + [d]
음식

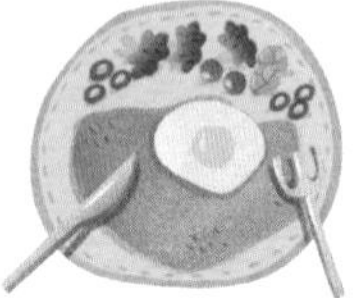

f __ __ d　　__ __ __ d

__ oo __　　☐ ☐

f __ __ __　　________

moon

[m] + [u:] + [n]
달

m __ __ n　　__ __ __ n

__ oo __　　☐

m __ __ __　　________

pool

[p]+[uː]+[l]
수영장

p ___ ___ l ___ ___ ___ l

___ oo ___

p ___ ___ ___

room

[r]+[uː]+[m]
방

● room은 [rum]으로 짧게 발음하기도 해요.

r ___ ___ m ___ ___ ___ m

___ oo ___

r ___ ___ ___

spoon

[sp]+[uː]+[n]
숟가락

sp ___ ___ n ___ ___ ___ ___ n

___ ___ oo ___

sp ___ ___ ___

school

[sk]+[uː]+[l]
학교

sch ___ ___ l ___ ___ ___ ___ ___ l

___ ___ ___ ool

sch ___ ___ ___

book

[b]+[ʊ]+[k]
책

b ___ ___ k ___ ___ ___ k

___ oo ___

b ___ ___ ___

4단계
이중모음 읽기

단어를 비교하며 듣고 따라 읽어 보세요. 165

• food ····· mood • boom ····· room • food ····· foot • boot ····· book

cook

[k]+[ʊ]+[k]
요리사

c ___ ___ k　　___ ___ ___ k

___ oo ___

c ___ ___ ___

foot

[f]+[ʊ]+[t]
발

f ___ ___ t　　___ ___ ___ t

___ oo ___

f ___ ___ ___

hood

[h]+[ʊ]+[d]
두건, 모자

h ___ ___ d　　___ ___ ___ d

___ oo ___

h ___ ___ ___

wood

[w]+[ʊ]+[d]
나무

w ___ ___ d　　___ ___ ___ d

___ oo ___

w ___ ___ ___

wool

[w]+[ʊ]+[l]
양털

w ___ ___ l　　___ ___ ___ l

___ oo ___

w ___ ___ ___

단어를 비교하며 듣고 따라 읽어 보세요. 166

- good ······ hood ······ wood
- wool ······ bull ······ full ······ pull
- foot ······ put

이중모음 -oo-
oo
복습

167 

A 단어를 듣고 해당되는 모음에 표시하세요.

1 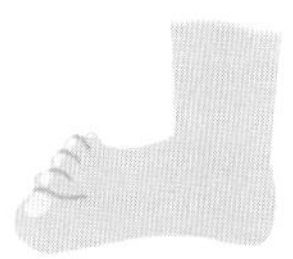

☐ oo[uː] ☐ oo[ʊ]

2 

☐ oo[uː] ☐ oo[ʊ]

3 

☐ oo[uː] ☐ oo[ʊ]

4 

☐ oo[uː] ☐ oo[ʊ]

5 

☐ oo[uː] ☐ oo[ʊ]

6 

☐ oo[uː] ☐ oo[ʊ]

B 단어를 듣고 해당되는 단어를 〈보기〉에서 골라 써 보세요.

보기

room	spoon	school	book	cook	hood

1 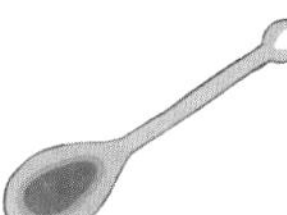

2 

3 

4 

5 

6

정답 p. 207

이중모음 ***-ou-***, ***-ow-***가 들어간 단어

글자와 소리

168

소리를 듣고 글자를 따라 읽어 보세요.

o + u = ou	o + w = ow
[ɑ] [ʌ] [aʊ]	[ɑ] [w] [aʊ]

● ou와 ow는 [aʊ/아우] 소리가 나요.

단어와 소리

169

먼저 전체 단어를 듣고 따라 읽어 보세요. 그 다음 빈칸을 채우면서 철자와 뜻을 익혀 보세요.

crow [oʊ] *vs.* crown [aʊ]	flow [oʊ] *vs.* flower [aʊ]	show [oʊ] *vs.* shower [aʊ]
cloud *vs.* crowd	foul *vs.* fowl	flour *vs.* flower

● ow가 [oʊ/오우] 소리로 나는 경우와 비교해 보세요.

out

[aʊ]+[t]
밖으로

___ ___ t   ___ ___ t

ou ___

___ ___ ___

shout

[ʃ]+[aʊ]+[t]
외치다

sh ___ ___ t   ___ ___ ___ ___ t

___ ___ ou ___

sh ___ ___ ___

count

[k] + [aʊ] + [nt]
세다

c ___ ___ nt ___ ___ ___ nt

___ ou ___ ___ ☐ ☐

c ___ ___ ___ ___ ________

sound

[s] + [aʊ] + [nd]
소리

s ___ ___ nd ___ ___ ___ nd

___ ou ___ ___ ☐ ☐

s ___ ___ ___ ___ ________

house

[h] + [aʊ] + [s]
집

h ___ ___ se ___ ___ ___ se

___ ouse ☐

h ___ ___ ___ ___ ________

blouse

[bl] + [aʊ] + [s]
블라우스

bl ___ ___ se ___ ___ ___ ___ se

___ ___ ouse ☐ ☐ ☐ ☐

bl ___ ___ ___ ___ ________

down

[d] + [aʊ] + [n]
아래로

d ___ ___ n ___ ___ ___ n

___ ow ___ ☐ ☐ ☐

d ___ ___ ___ ________

단어를 비교하며 듣고 따라 읽어 보세요. 170

• mouse ...... mouth • loud ...... cloud ...... proud • couch ...... pouch

4단계
이중모음 읽기

gown

[g] + [aʊ] + [n]
가운, 드레스

g ___ ___ n ___ ___ ___ n

___ ow ___

g ___ ___ ___

crown

[kr] + [aʊ] + [n]
왕관

cr ___ ___ n ___ ___ ___ ___ n

___ ___ own

cr ___ ___ ___

power

[p] + [aʊ] + [ə(r)]
힘

p ___ ___ er p ___ ___ ___ ___

pow ___ ___

___ ___ ___ er

tower

[t] + [aʊ] + [ə(r)]
탑

t ___ ___ er ___ ___ ___ er

___ ow ___ ___

t ___ ___ ___ ___

shower

[ʃ] + [aʊ] + [ə(r)]
샤워, 소나기

sh ___ ___ er ___ ___ ___ ___ er

___ ___ ow ___ ___

sh ___ ___ ___ ___

단어를 비교하며 듣고 따라 읽어 보세요.

• flower ······ flour • down ······ town ······ brown ······ crown ······ frown

이중모음 -ou-, -ow- ou, ow 복습

172 

A 단어를 듣고 해당되는 단어를 〈보기〉에서 골라 써 보세요.

보기

out shout count sound house blouse

1

2

3

4

5

6

보기

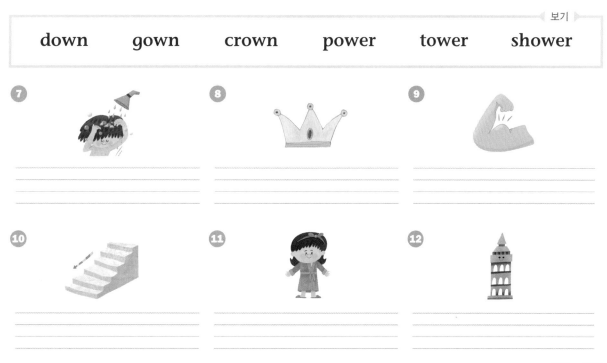

down gown crown power tower shower

7

8

9

10

11

12

정답 p. 207

unit
7

car

이중모음 **-ar-**, **-or-**이 들어간 단어

글자와 소리

173

소리를 듣고 글자를 따라 읽어 보세요.

a + r = ar
[æ] [r] [ɑː(r)]

o + r = or
[ɑ] [r] [ɔːr]

단어와 소리

174

먼저 전체 단어를 듣고 따라 읽어 보세요. 그 다음 빈칸을 채우면서 철자와 뜻을 익혀 보세요.

had *vs.* hard	cat *vs.* cart	pat *vs.* part
pot *vs.* port	shot *vs.* short	spot *vs.* sport

car

[k] + [ɑː(r)]
자동차

c ___ ___
___ ar
c ___ ___

___ ___ ___

card

[k] + [ɑː(r)] + [d]
카드

c ___ ___ d
___ ar ___
c ___ ___ ___

___ ___ ___ d

yard

[j] + [ɑː(r)] + [d]
마당

y ___ ___ d   ___ ___ ___ d

___ ar ___   □ □

y ___ ___ ___   __________

bark

[b] + [ɑː(r)] + [k]
짖다

b ___ ___ k   ___ ___ ___ k

___ ar ___   □ □

b ___ ___ ___   __________

park

[p] + [ɑː(r)] + [k]
공원

p ___ ___ k   ___ ___ ___ k

___ ar ___   □ □

p ___ ___ ___   __________

shark

[ʃ] + [ɑː(r)] + [k]
상어

sh ___ ___ k   ___ ___ ___ ___ k

___ ___ ar ___   □ □

sh ___ ___ ___   __________

corn

[k] + [ɔːr] + [n]
옥수수

c ___ ___ n   ___ ___ ___ n

___ or ___   □ □ □

c ___ ___ ___   __________

단어를 비교하며 듣고 따라 읽어 보세요. 175

• bar …… car …… far …… jar • cart …… dart …… mart …… part …… chart

4단계 이중모음 읽기

horn

[h] + [ɔːr] + [n]
뿔

h ___ ___ n　　___ ___ ___ n

___ or ___

h ___ ___ ___　　______________

pork

[p] + [ɔːr] + [k]
돼지고기

p ___ ___ k　　___ ___ ___ k

___ or ___

p ___ ___ ___　　______________

fork

[f] + [ɔːr] + [k]
포크

f ___ ___ k　　___ ___ ___ k

___ or ___

f ___ ___ ___　　______________

storm

[st] + [ɔːr] + [m]
폭풍

st ___ ___ m　　___ ___ ___ ___ m

___ ___ or ___

st ___ ___ ___　　______________

torch

[t] + [ɔːr] + [tʃ]
횃불

t ___ ___ ch　　___ ___ ___ ch

___ or ___ ___

t ___ ___ ___ ___　　______________

단어를 비교하며 듣고 따라 읽어 보세요. 176

• card ······ cord • barn ······ born • park ······ pork • part ······ port

이중모음 -ar-, -or- ar, or 복습

177 

A 단어를 듣고 해당되는 모음에 표시하세요.

1 □ ar □ or
2 □ ar □ or
3 □ ar □ or
4 □ ar □ or
5 □ ar □ or
6 □ ar □ or

B 단어를 듣고 해당되는 단어를 〈보기〉에서 골라 써 보세요.

보기

car yard shark storm torch fork

1 ______
2 ______
3 ______
4 ______
5 ______
6 ______

정답 p. 208

unit 8

herb

이중모음 -er-, -ir-, -ur-이 들어간 단어

글자와 소리

178

소리를 듣고 글자를 따라 읽어 보세요.

e + r = er
[e] [r] [ɜːr]

i + r = ir
[ɪ] [r] [ɜːr]

u + r = ur
[ʌ] [r] [ɜːr]

단어와 소리

179

먼저 전체 단어를 듣고 따라 읽어 보세요. 그 다음 빈칸을 채우면서 철자와 뜻을 익혀 보세요.

gem vs. germ	bid vs. bird	bun vs. burn
cub vs. curb	cut vs. curt	hut vs. hurt

herb

([h]) + [ɜːr] + [b]
허브, 약초

● 미국사람들은 보통 herb의 h를 발음하지 않지만, 영국에서는 h를 발음해요.

h __ __ b　　__ __ __ b

__ er __

h __ __ __　　______

perm

[p] + [ɜːr] + [m]
파마

p __ __ m　　__ __ __ m

__ er __

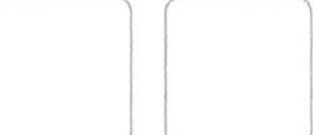

p __ __ __　　______

stir

[st] + [ɜːr]
젓다

st __ __   __ __ __ r

__ __ ir

st __ __   ______

bird

[b] + [ɜːr] + [d]
새

b __ __ d   __ __ __ d

__ ir __

b __ __ __   ______

shirt

[ʃ] + [ɜːr] + [t]
셔츠

sh __ __ t   __ __ __ __ t

__ __ ir __

sh __ __ __   ______

skirt

[sk] + [ɜːr] + [t]
치마

sk __ __ t   __ __ __ __ t

__ __ ir __

sk __ __ __   ______

burn

[b] + [ɜːr] + [n]
불타다, 태우다

b __ __ n   __ __ __ n

__ ur __

b __ __ __   ______

단어를 비교하며 듣고 따라 읽어 보세요. 180

• barn …… burn • dart …… dirt • farm …… firm …… form • torn …… turn

curl

[k] + [ɜːr] + [l]
곱슬머리

c ___ ___ l ___ ___ ___ l

___ ur ___

c ___ ___ ___

hurt

[h] + [ɜːr] + [t]
다치게 하다

h ___ ___ t h ___ ___ ___

___ ur ___

___ ___ ___ t

nurse

[n] + [ɜːr] + [s]
간호사

n ___ ___ se n ___ ___ ___ ___

nur ___ ___

___ ___ ___ se

purse

[p] + [ɜːr] + [s]
지갑

p ___ ___ se p ___ ___ ___ ___

pur ___ ___

___ ___ ___ se

church

[tʃ] + [ɜːr] + [tʃ]
교회

ch ___ ___ ch ___ ___ ___ ___ ch

___ ___ ur ___ ___

ch ___ ___ ___ ___

단어를 비교하며 듣고 따라 읽어 보세요. 181

• girl ······ curl ······ hurl • curse ······ nurse ······ purse • fur ······ her ······ per ······ sir

이중모음 -er-, -ir-, -ur- er, ir, ur 복습

182 

A 단어를 듣고 해당되는 단어를 〈보기〉에서 골라 써 보세요.

보기

herb hurt perm purse bird burn

1

2

3

4

5

6

보기

stir shirt skirt curl nurse church

7

8

9

10

11

12

정답 p. 208

4단계 이중모음 읽기

연습 문제

A. 빈칸에 공통으로 들어갈 철자를 〈보기〉에서 찾아 써 보세요.

보기

ark ood ool oon own ouse

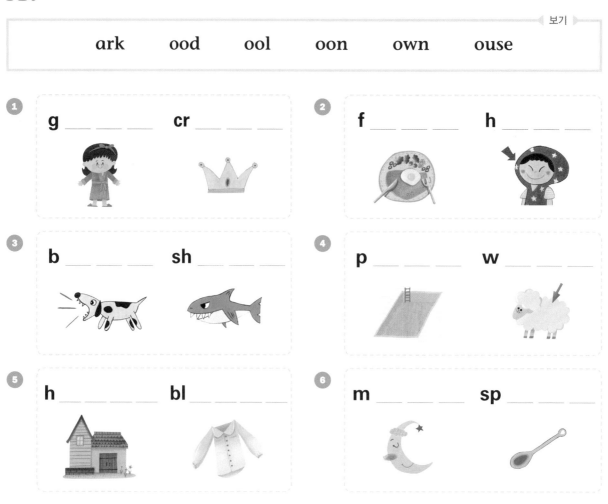

1. g ___ ___ ___ cr ___ ___ ___

2. f ___ ___ ___ h ___ ___ ___

3. b ___ ___ ___ sh ___ ___ ___

4. p ___ ___ ___ w ___ ___ ___

5. h ___ ___ ___ ___ bl ___ ___ ___ ___

6. m ___ ___ ___ sp ___ ___ ___

B. 빈칸에 공통으로 들어갈 철자에 표시한 후 빈칸을 채우세요.

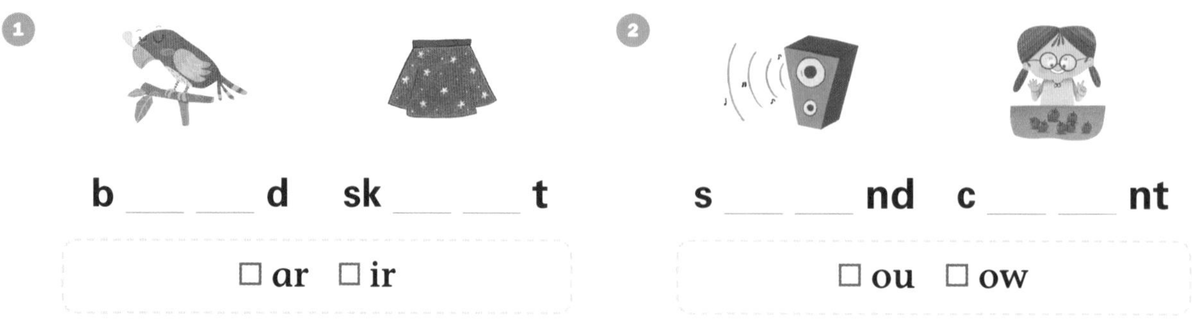

1. b ___ ___ d sk ___ ___ t

☐ ar ☐ ir

2. s ___ ___ nd c ___ ___ nt

☐ ou ☐ ow

C. 〈보기〉에서 알맞은 철자를 찾아 단어를 완성하세요.

보기							
oo	ou	ow	ar	er	ir	or	ur

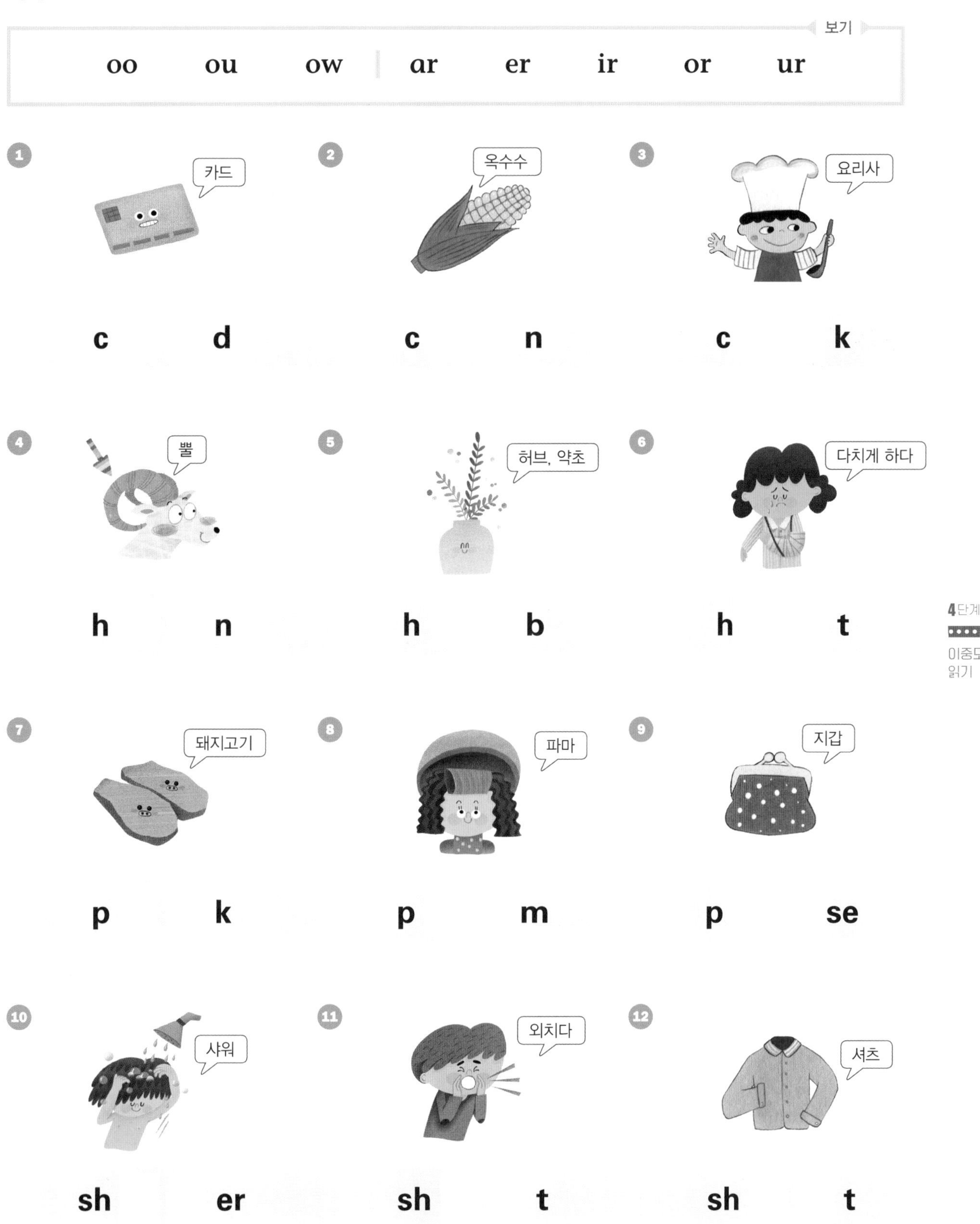

1 카드
c d
2 옥수수
c n
3 요리사
c k
4 뿔
h n
5 허브, 약초
h b
6 다치게 하다
h t
7 돼지고기
p k
8 파마
p m
9 지갑
p se
10 샤워
sh er
11 외치다
sh t
12 셔츠
sh t

4단계 이중모음 읽기

정답 p. 208

STEP 4

총복습

- 이중모음 단어 읽기 -

손가락으로 글자를 짚으면서 단어를 혼자 읽어 보세요.
처음 보는 단어도 파닉스 규칙을 이용해서 읽어 보세요.

-ail
[eɪl]

f**ail** j**ail**
m**ail** n**ail**
r**ail** s**ail**
t**ail** sn**ail**
tr**ail**

-ain
[eɪn]

g**ain** m**ain**
r**ain** p**ain**
br**ain** ch**ain**
gr**ain** pl**ain**
tr**ain**

-ay
[eɪ]

d**ay** h**ay**
l**ay** s**ay**
p**ay** cl**ay**
pr**ay** tr**ay**
spr**ay**

-eal
[iːl]

d**eal** h**eal**
m**eal** s**eal**
z**eal** st**eal**

-eat
[iːt]

eat b**eat**
h**eat** m**eat**
n**eat** s**eat**
tr**eat**

-eed
[iːd]

f**eed** d**eed**
n**eed** s**eed**
w**eed** sp**eed**

-eel

[iːl]

feel heel
peel kneel
steel wheel

-een

[iːn]

keen teen
green queen
screen

-eep

[iːp]

beep deep
jeep keep
sheep sleep

-eet

[iːt]

feet meet
greet sheet
sweet tweet

-oat

[oʊt]

boat
coat
goat
throat

-ow

[oʊ]

tow crow
flow grow
know snow

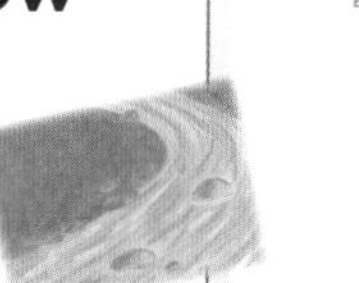

-oil

[ɔɪl]

oil boil
foil soil
toil spoil

-oy

[ɔɪ]

boy
joy
soy
toy

-ook

[ʊk]

book cook
hook look
took shook

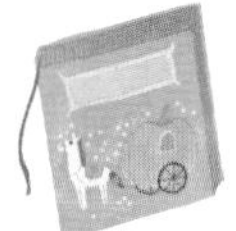

-ool

[u:l]

cool fool
pool tool
stool school

-oom

[u:m]

boom doom
room zoom
bloom gloom

-ound

[aʊnd]

bound found
round sound
ground

-ouse

[aʊs]

house
mouse
blouse

-own

[aʊn]

down gown
town brown
clown crown
drown

-ower

[aʊə(r)]

power
tower
flower
shower

-ar-

[ɑ:(r)]

car ark
bark card
park yard
shark

-er-

[ɜ:r]

her herb
herd jerk
perm term
verb clerk

-ir-
[ɜːr]

bird, dirt, firm, girl, stir, birth, first, shirt, skirt, third

-or-
[ɔːr]

for, cork, fork, corn, horn, pork, sort, storm, torch

-ur-
[ɜːr]

fur, burn, curb, curl, hurt, turn, nurse, purse, church

도전!

-air
[er]

air, fair, hair, pair, chair, stair

-are
[er]

care, bare, fare, rare, scare, stare

-ire
[aɪə(r)]

fire, hire, tire, wire

-ore
[ɔː(r)]

bore, more, sore, score, store

-oar
[ɔː(r)]

roar, soar, board

-ure
[(j)ʊr]

cure, pure, sure

4단계 이중모음 읽기

혼자서 잘 읽어 봤나요? 들으면서 다시 한 번 따라 읽어 보세요. 183

초등 영어를 결정하는 파닉스

정답

▼ 1단계 Unit 1 복습 (본문 p.33)

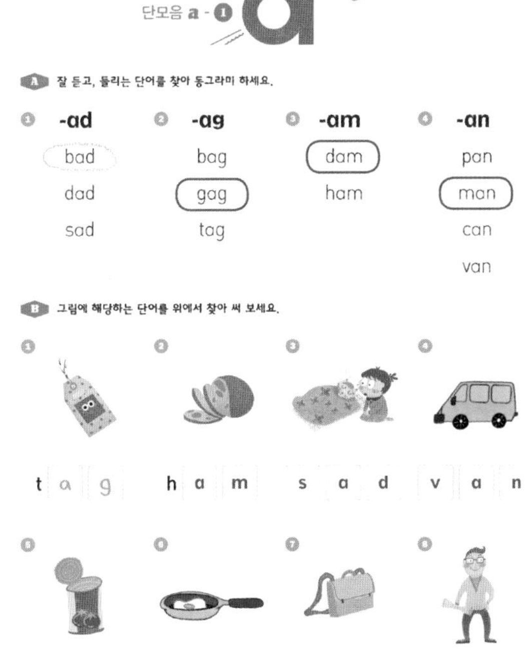
단모음 a - 1
복습
A 잘 듣고, 들리는 단어를 찾아 동그라미 하세요.
1 -ad bad dad sad
2 -ag bag gag tag
3 -am dam ham
4 -an pan man can van
B 그림에 해당하는 단어를 위에서 찾아 써 보세요.
1 tag 2 ham 3 sad 4 van
5 can 6 pan 7 bag 8 dad

▼ 1단계 Unit 2 복습 (본문 p.37)

단모음 a - 2
복습
A 잘 듣고, 들리는 단어를 찾아 동그라미 하세요.
1 -ap cap lap nap
2 -at cat hat mat
3 -ack back pack sack
4 -and hand land sand
B 그림에 해당하는 단어를 위에서 찾아 써 보세요.
1 hand 2 back 3 lap 4 sand
5 cap 6 mat 7 cat 8 pack

▼ 1단계 Unit 3 복습 (본문 p.41)

단모음 e - 1
복습
A 잘 듣고, 들리는 단어를 찾아 동그라미 하세요.
1 -ed bed red wed
2 -eg beg leg
3 -en hen pen ten
4 -et jet net pet wet
B 그림에 해당하는 단어를 위에서 찾아 써 보세요.
1 bed 2 ten 3 jet 4 wed
5 pet 6 pen 7 wet 8 beg

▼ 1단계 Unit 4 복습 (본문 p.45)

단모음 e - 2
복습
A 잘 듣고, 들리는 단어를 찾아 동그라미 하세요.
1 -ell bell sell tell shell
2 -end bend lend send
3 -ent rent tent
4 -est best rest test
B 그림에 해당하는 단어를 위에서 찾아 써 보세요.
1 shell 2 best 3 bend 4 rent
5 bell 6 test 7 sell 8 send

▼ 1단계 Unit 1~4 연습 문제 (본문 pp.46~47)

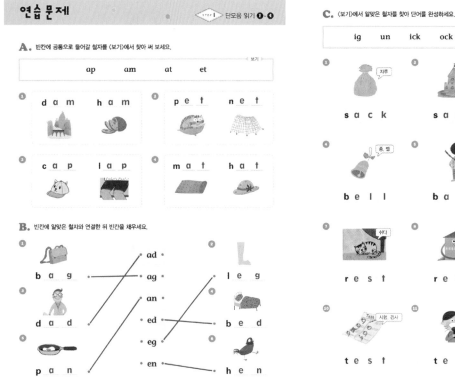

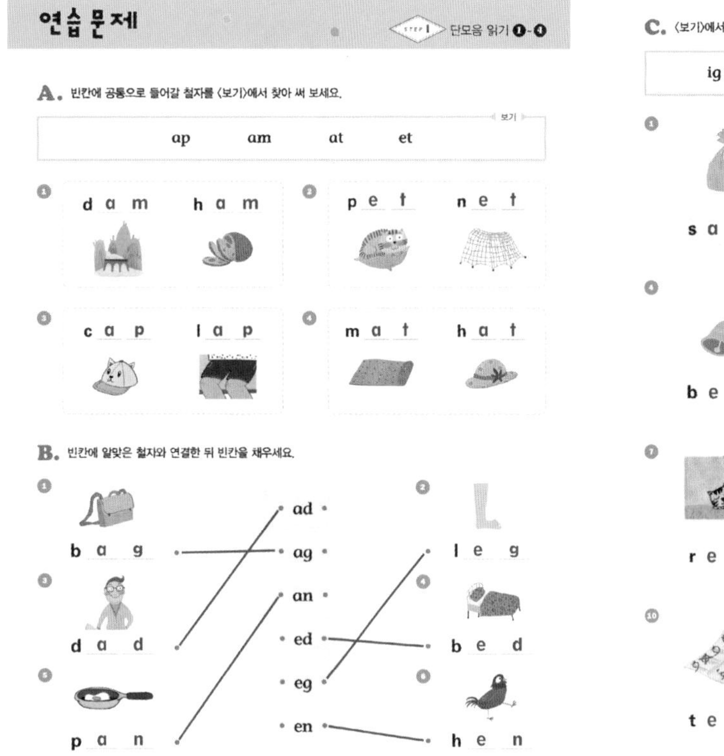

연습 문제
단모음 읽기 1-4
A. 빈칸에 공통으로 들어갈 철자를 〈보기〉에서 찾아 써 보세요.
보기
ap am at et
1 d a m h a m
2 p e t n e t
3 c a p l a p
4 m a t h a t
B. 빈칸에 알맞은 철자와 연결한 뒤 빈칸을 채우세요.
1 b a g
2 d a d
3 p a n
ad
ag
an
ed
eg
en
l e g
b e d
h e n

C. 〈보기〉에서 알맞은 철자를 찾아 단어를 완성하세요.

보기: ig un ick ock uck ing ink

1 자루 s a c k
2 모래 s a n d
3 보내다 s e n d
4 종, 벨 b e l l
5 등 b a c k
6 굽히다 b e n d
7 쉬다 r e s t
8 집세 r e n t
9 깡통 c a n
10 시험, 검사 t e s t
11 말하다 t e l l
12 꼬리표 t a g

▼ 1단계 Unit 5 복습 (본문 p.51)

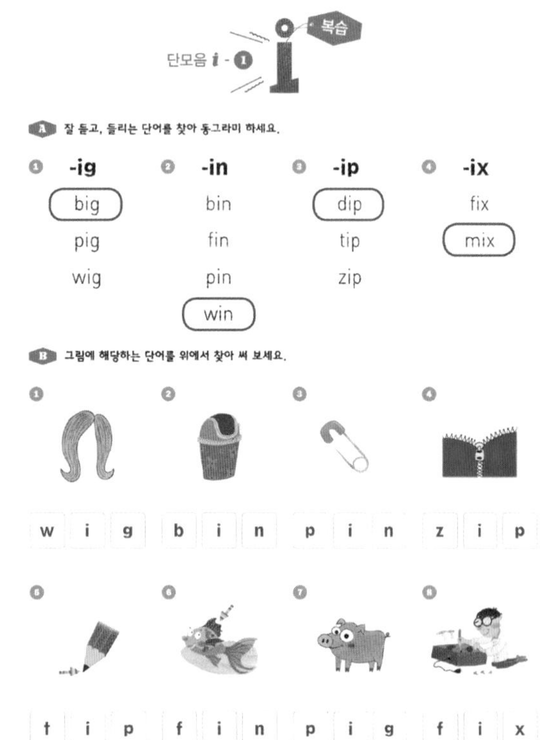

복습
단모음 i - 1
A 잘 듣고, 들리는 단어를 찾아 동그라미 하세요.
1 -ig big pig wig
2 -in bin fin pin win
3 -ip dip tip zip
4 -ix fix mix
B 그림에 해당하는 단어를 위에서 찾아 써 보세요.
1 w i g
2 b i n
3 p i n
4 z i p
5 t i p
6 f i n
7 p i g
8 f i x

▼ 1단계 Unit 6 복습 (본문 p.55)

복습
단모음 i - 2
A 잘 듣고, 들리는 단어를 찾아 동그라미 하세요.
1 -ill bill fill hill
2 -ick kick lick sick
3 -ing ring sing wing
4 -ink link sink wink
B 그림에 해당하는 단어를 위에서 찾아 써 보세요.
1 s i c k
2 h i l l
3 w i n g
4 l i n k
5 w i n k
6 s i n g
7 k i c k
8 f i l l

▼ 1단계 Unit 7 복습 (본문 p.59)

단모음 o
복습
A 잘 듣고, 들리는 단어를 찾아 동그라미 하세요.
1 -og dog jog log
2 -op hop mop top
3 -ot dot pot
4 -ock lock rock sock clock
B 그림에 해당하는 단어를 위에서 찾아 써 보세요.
1 h o p
2 p o t
3 t o p
4 r o c k
5 d o g
6 j o g
7 c l o c k
8 s o c k

▼ 1단계 Unit 8 복습 (본문 p.63)

단모음 u
복습
A 잘 듣고, 들리는 단어를 찾아 동그라미 하세요.
1 -ug bug hug mug rug
2 -un gun run sun
3 -ut cut hut
4 -uck duck luck truck
B 그림에 해당하는 단어를 위에서 찾아 써 보세요.
1 m u g
2 h u t
3 t r u c k
4 b u g
5 s u n
6 d u c k
7 g u n
8 r u g

▼ 1단계 Unit 5~8 연습 문제 (본문 pp.64~65)

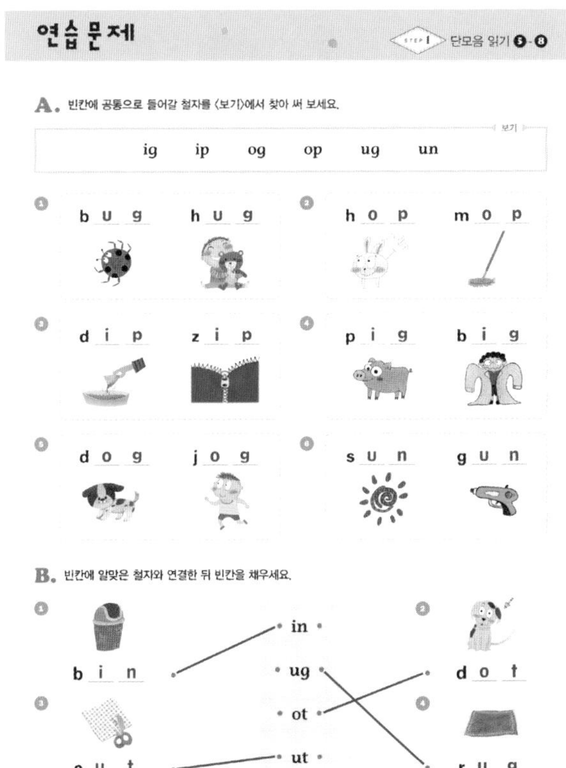

연습 문제
STEP 1 단모음 읽기 5-8
A. 빈칸에 공통으로 들어갈 철자를 〈보기〉에서 찾아 써 보세요.
보기
ig ip og op ug un
1 b u g h u g
2 h o p m o p
3 d i p z i p
4 p i g b i g
5 d o g j o g
6 s u n g u n
B. 빈칸에 알맞은 철자와 연결한 뒤 빈칸을 채우세요.
1 b i n
2 d o t
3 c u t
4 r u g
in
ug
ot
ut

C. 〈보기〉에서 알맞은 철자를 찾아 단어를 완성하세요.
보기
ig un ick ock uck ing ink
1 아픈 s i c k
2 노래하다 s i n g
3 가라앉다 s i n k
4 윙크하다 w i n k
5 날개 w i n g
6 가발 w i g
7 행운 l u c k
8 잠그다 l o c k
9 연결하다 l i n k
10 바위 r o c k
11 반지 r i n g
12 달리다 r u n

Answer
정답

▼ 2단계 Unit 1 복습 (본문 p.75)

장모음 a_e - ①
a_e
복습

A 듣고 빈칸에 들어갈 글자를 고른 뒤, 해당 그림의 번호를 쓰세요.

① b ☐☐☐
☐ace ☑ake ☐age (2)

② f ☐☐☐
☑ace ☐ake ☐age (3)

③ c ☐☐☐
☐ace ☑ake ☐age (4)

④ m ☐☐☐
☐ace ☑ake ☐age (6)

⑤ l ☐☐☐
☐ace ☑ake ☐age (5)

⑥ c ☐☐☐
☐ace ☐ake ☑age (1)

⑦ st ☐☐☐
☐ace ☐ake ☑age (7)

⑧ r ☐☐☐
☑ace ☐ake ☐age (8)

⑨ t ☐☐☐
☐ace ☑ake ☐age (10)

⑩ ☐☐☐
☐ace ☐ake ☑age (9)

▼ 2단계 Unit 2 복습 (본문 p.79)

장모음 a_e - ② a_e 복습

A 듣고 빈칸에 들어갈 글자를 고른 뒤, 해당 그림의 번호를 쓰세요.

① p ☐☐☐
☑ale ☐ame ☐ane (4)

② c ☐☐☐
☐ale ☐ame ☑ane (2)

③ t ☐☐☐
☐ame ☐ane ☑ape (1)

④ g ☐☐☐
☐ale ☑ame ☐ane (6)

⑤ pl ☐☐☐
☐ale ☑ane ☐ape (5)

⑥ m ☐☐☐
☑ale ☐ane ☐ape (3)

⑦ c ☐☐☐
☐ame ☐one ☑ape (9)

⑧ sh ☐☐☐
☐ale ☑ame ☐ape (8)

⑨ s ☐☐☐
☑ale ☐ame ☐ane (7)

⑩ sh ☐☐☐
☐ale ☐ame ☑ape (10)

▼ 2단계 Unit 3 복습 (본문 p.83)

장모음 a_e - ③
a_e
복습

A 듣고 빈칸에 들어갈 글자를 고른 뒤, 해당 그림의 번호를 쓰세요.

① c ☐☐☐
☐ase ☐ate ☑ave (4)

② v ☐☐☐
☑ase ☐ate ☐ave (2)

③ s ☐☐☐
☐ase ☐ate ☑ave (6)

④ d ☐☐☐
☐ase ☑ate ☐ave (3)

⑤ g ☐☐☐
☐ase ☑ate ☐ave (5)

⑥ sk ☐☐☐
☐ase ☑ate ☐ave (1)

⑦ sh ☐☐☐
☐ase ☐ate ☑ave (7)

⑧ w ☐☐☐
☐ase ☐ate ☑ave (9)

⑨ ch ☐☐☐
☑ase ☐ate ☐ave (10)

⑩ h ☐☐☐
☐ase ☑ate ☐ave (8)

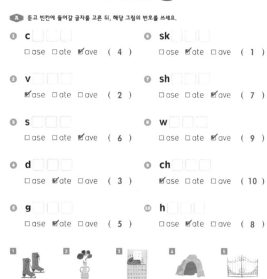

▼ 2단계 Unit 4 복습 (본문 p.87)

장모음 i_e - ①
i_e
복습

A 듣고 빈칸에 들어갈 글자를 고른 뒤, 해당 그림의 번호를 쓰세요.

① p ☐☐☐
☐ide ☐ife ☑ipe (4)

② h ☐☐☐
☐ice ☑ide ☐ife (1)

③ m ☐☐☐
☑ice ☐ide ☐ipe (2)

④ l ☐☐☐
☐ice ☑ife ☐ipe (5)

⑤ w ☐☐☐
☑ide ☐ife ☐ipe (6)

⑥ ☐☐☐
☑ice ☐ide ☐ipe (3)

⑦ w ☐☐☐
☐ide ☑ife ☐ipe (10)

⑧ r ☐☐☐
☐ice ☐ide ☑ipe (7)

⑨ r ☐☐☐
☑ice ☐ide ☐ife (8)

⑩ r ☐☐☐
☐ice ☑ide ☐ipe (9)

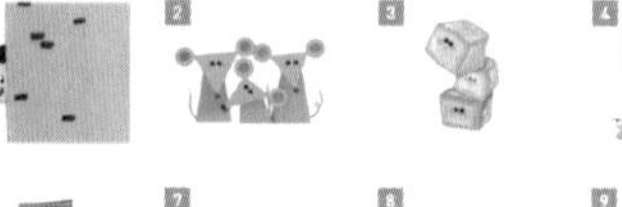

▼ 2단계 Unit 1~4 연습 문제 (본문 pp.88~89)

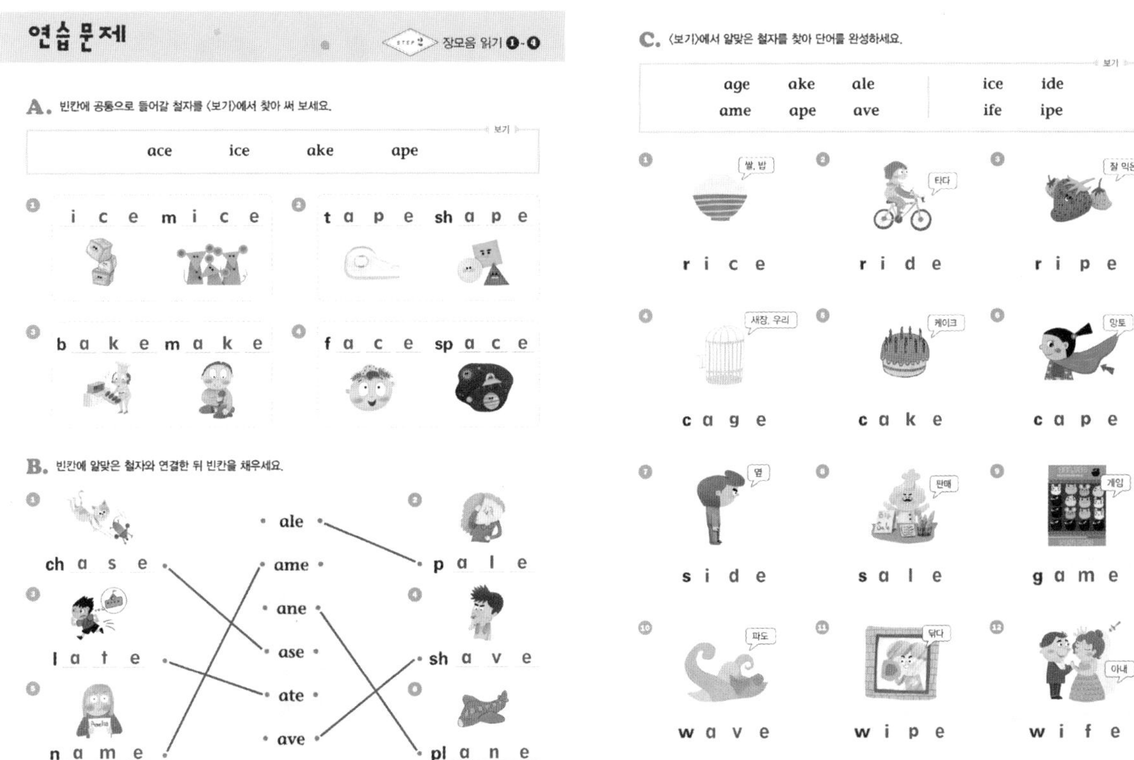
연습 문제　STEP 장모음 읽기 ❶-❹

A. 빈칸에 공통으로 들어갈 철자를 〈보기〉에서 찾아 써 보세요.

〈보기〉 ace　ice　ake　ape

❶ i c e　m i c e
❷ t a p e　sh a p e
❸ b a k e　m a k e
❹ f a c e　sp a c e

B. 빈칸에 알맞은 철자와 연결한 뒤 빈칸을 채우세요.

❶ ch a s e　❷ p a l e　❸ l a t e　❹ sh a v e　❺ n a m e　❻ pl a n e

ale　ame　ane　ase　ate　ave

C. 〈보기〉에서 알맞은 철자를 찾아 단어를 완성하세요.

〈보기〉 age　ake　ale　ame　ape　ave　|　ice　ide　ife　ipe

❶ r i c e (쌀, 밥)　❷ r i d e (타다)　❸ r i p e (잘 익은)
❹ c a g e (새장, 우리)　❺ c a k e (케이크)　❻ c a p e (망토)
❼ s i d e (옆)　❽ s a l e (판매)　❾ g a m e (게임)
❿ w a v e (파도)　⓫ w i p e (닦다)　⓬ w i f e (아내)

▼ 2단계 Unit 5 복습 (본문 p.93)

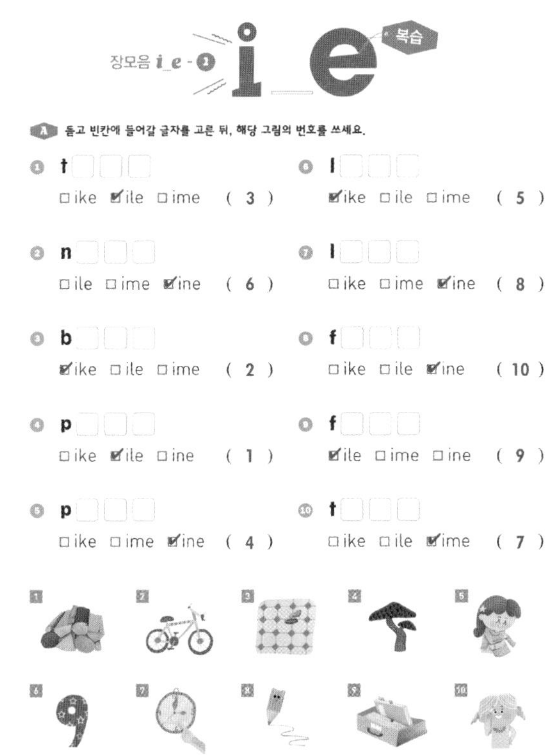
장모음 i_e-❸　i_e　복습

A 듣고 빈칸에 들어갈 글자를 고른 뒤, 해당 그림의 번호를 쓰세요.

❶ t　□ike ☑ile □ime　(3)
❷ n　□ile □ime ☑ine　(6)
❸ b　☑ike □ile □ime　(2)
❹ p　□ike ☑ile □ine　(1)
❺ p　□ike □ime ☑ine　(4)
❻ l　☑ike □ile □ime　(5)
❼ l　□ike □ime ☑ine　(8)
❽ f　□ike □ile ☑ine　(10)
❾ f　☑ile □ime □ine　(9)
❿ t　□ike □ile ☑ime　(7)

▼ 2단계 Unit 6 복습 (본문 p.97)

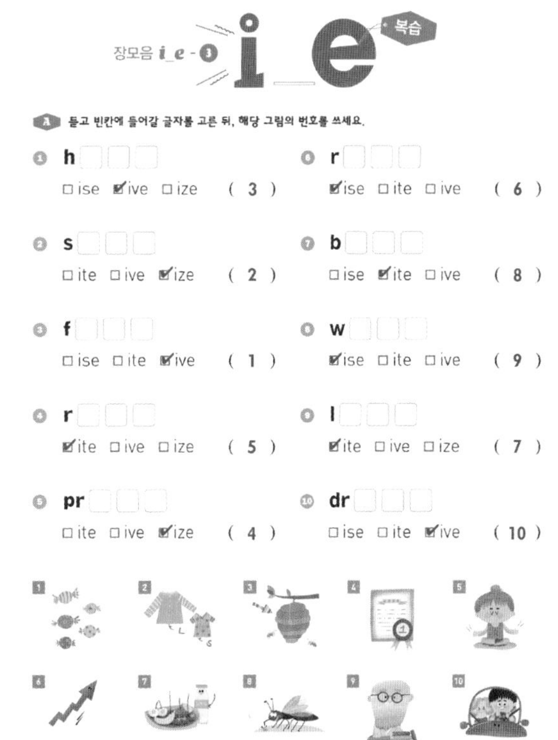
장모음 i_e-❹　i_e　복습

A 듣고 빈칸에 들어갈 글자를 고른 뒤, 해당 그림의 번호를 쓰세요.

❶ h　□ise ☑ive □ize　(3)
❷ s　□ite □ive ☑ize　(2)
❸ f　□ise □ite ☑ive　(1)
❹ r　☑ite □ive □ize　(5)
❺ pr　□ite □ive ☑ize　(4)
❻ r　☑ise □ite □ive　(6)
❼ b　□ise ☑ite □ive　(8)
❽ w　☑ise □ite □ive　(9)
❾ l　☑ite □ive □ize　(7)
❿ dr　□ise □ite ☑ive　(10)

Answer
정답

▼ 2단계 Unit 7 복습 (본문 p.101)

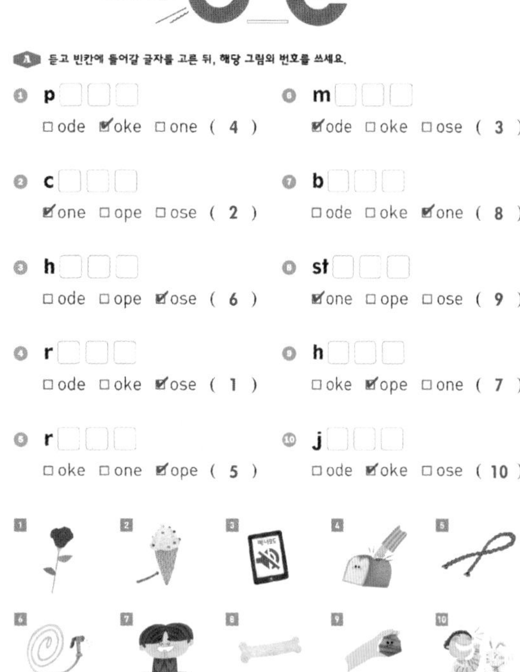
장모음 o_e **o_e** 복습

A 듣고 빈칸에 들어갈 글자를 고른 뒤, 해당 그림의 번호를 쓰세요.

1. p ☐☐☐ ☐ode ☑oke ☐one (4)
2. c ☐☐☐ ☑one ☐ope ☐ose (2)
3. h ☐☐☐ ☐ode ☐ope ☑ose (6)
4. r ☐☐☐ ☐ode ☐oke ☑ose (1)
5. r ☐☐☐ ☐oke ☐one ☑ope (5)
6. m ☐☐☐ ☑ode ☐oke ☐ose (3)
7. b ☐☐☐ ☐ode ☐oke ☑one (8)
8. st ☐☐☐ ☑one ☐ope ☐ose (9)
9. h ☐☐☐ ☐oke ☑ope ☐one (7)
10. j ☐☐☐ ☐ode ☑oke ☐ose (10)

▼ 2단계 Unit 8 복습 (본문 p.105)

장모음 u_e **u_e** 복습

A 듣고 빈칸에 들어갈 글자를 고른 뒤, 해당 그림의 번호를 쓰세요.

1. n ☐☐☐ ☑ude ☐ule ☐une (3)
2. J ☐☐☐ ☐ude ☐ule ☑une (1)
3. c ☐☐☐ ☑ube ☐ude ☐une (4)
4. r ☐☐☐ ☐ube ☐ude ☑ule (5)
5. c ☐☐☐ ☐ube ☐use ☑ute (6)
6. t ☐☐☐ ☑ube ☐ude ☐ute (2)
7. t ☐☐☐ ☐ude ☐ule ☑une (9)
8. r ☐☐☐ ☐ube ☑ude ☐ule (7)
9. fl ☐☐☐ ☐ude ☐ule ☑ute (8)
10. m ☐☐☐ ☑ule ☐use ☐ute (10)

▼ 2단계 Unit 5~8 연습 문제 (본문 pp.106~107)

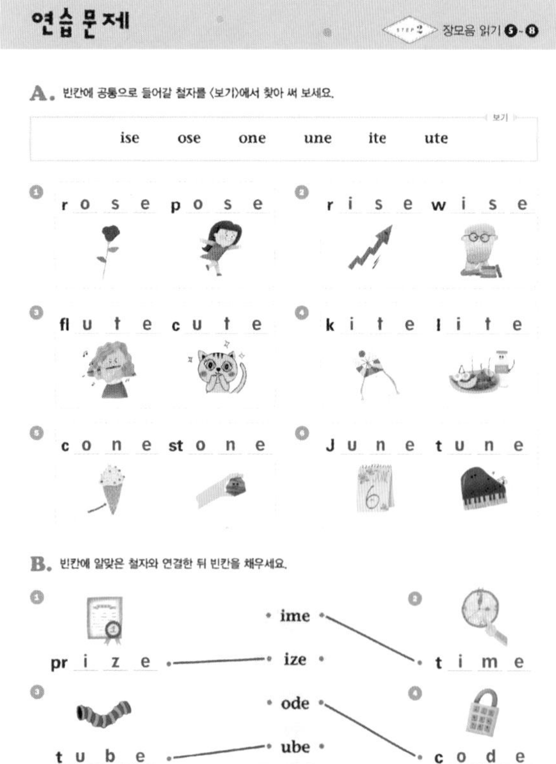
연습 문제 장모음 읽기 5-8

A. 빈칸에 공통으로 들어갈 철자를 <보기>에서 찾아 써 보세요.

보기: ise ose one une ite ute

1. r o s e p o s e
2. r i s e w i s e
3. fl u t e c u t e
4. k i t e l i t e
5. c o n e st o n e
6. J u n e t u n e

B. 빈칸에 알맞은 철자와 연결한 뒤 빈칸을 채우세요.

ime ize ode ube

1. pr i z e
2. t i m e
3. t u b e
4. c o d e

C. <보기>에서 알맞은 철자를 찾아 단어를 완성하세요.

보기: ike ile ine ite ive | oke one ope ose | ude ule

1. 자전거 b i k e
2. 물다 b i t e
3. 뼈 b o n e
4. 벌집 h i v e
5. 호스 h o s e
6. 희망 h o p e
7. 밧줄 r o p e
8. 규칙 r u l e
9. 무례한 r u d e
10. 소나무, 솔방울 p i n e
11. 더미 p i l e
12. 찌르다 p o k e

▼ 3단계 Unit 1 복습 (본문 p.117)

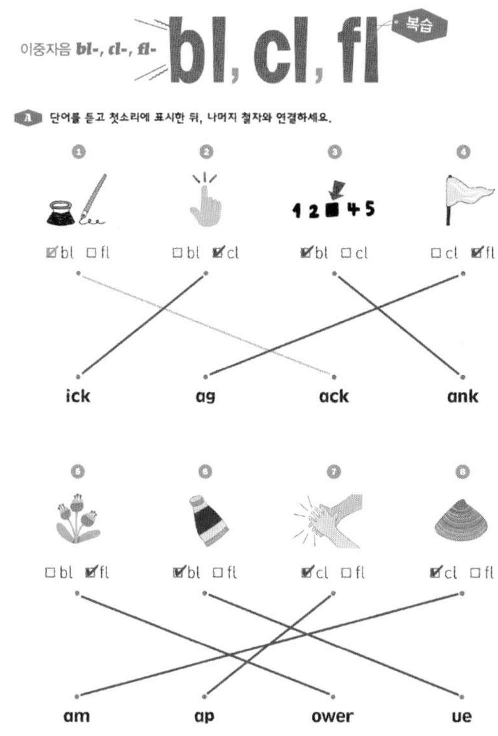
이중자음 bl-, cl-, fl-
bl, cl, fl
복습
A 단어를 듣고 첫소리에 표시한 뒤, 나머지 철자와 연결하세요.
1 2 3 4 5
☑bl ☐fl
☐bl ☑cl
☑bl ☐cl
☐cl ☑fl
ick
ag
ack
ank
☐bl ☑fl
☑bl ☐fl
☑cl ☐fl
☑cl ☐fl
am
ap
ower
ue

▼ 3단계 Unit 2 복습 (본문 p.121)

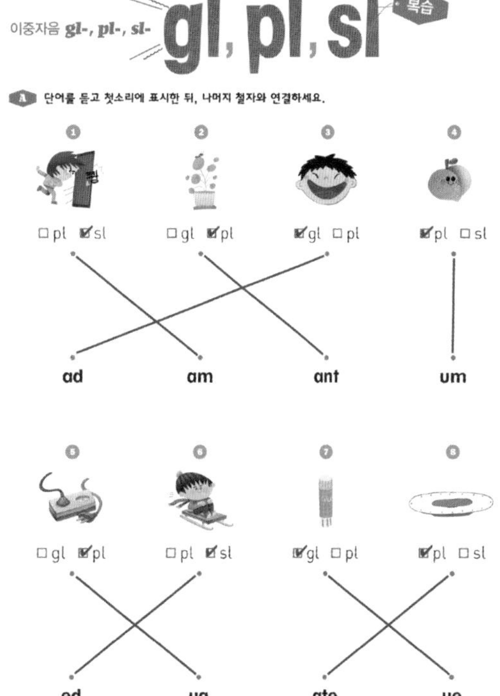
이중자음 gl-, pl-, sl-
gl, pl, sl
복습
A 단어를 듣고 첫소리에 표시한 뒤, 나머지 철자와 연결하세요.
☐pl ☑sl
☐gl ☑pl
☑gl ☐pl
☑pl ☐sl
ad
am
ant
um
☐gl ☑pl
☐pl ☑sl
☑gl ☐pl
☑pl ☐sl
ed
ug
ate
ue

▼ 3단계 Unit 3 복습 (본문 p.125)

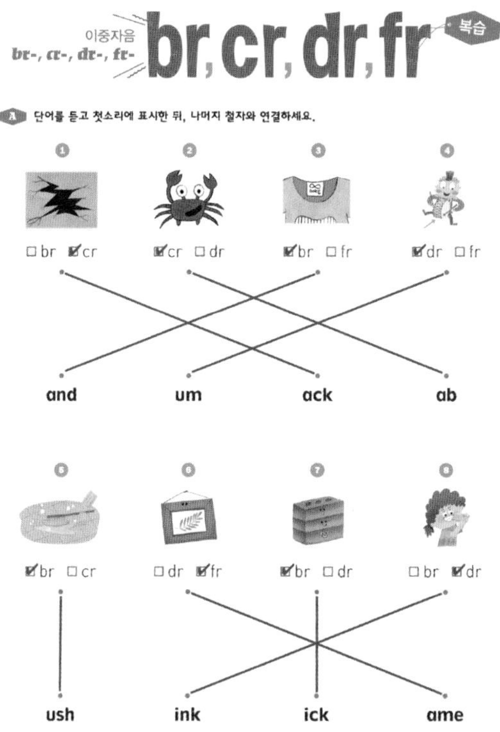
이중자음 br-, cr-, dr-, fr-
br, cr, dr, fr
복습
A 단어를 듣고 첫소리에 표시한 뒤, 나머지 철자와 연결하세요.
☐br ☑cr
☑cr ☐dr
☑br ☐fr
☑dr ☐fr
and
um
ack
ab
☑br ☐cr
☐dr ☑fr
☑br ☐dr
☐br ☑dr
ush
ink
ick
ame

▼ 3단계 Unit 4 복습 (본문 p.129)

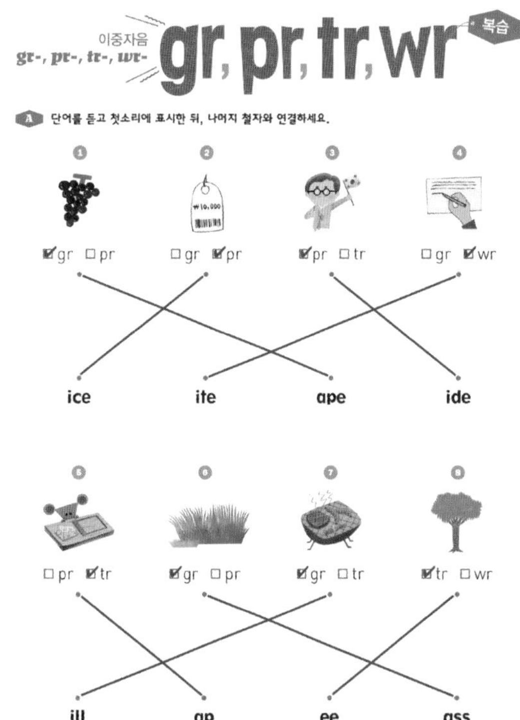
이중자음 gr-, pr-, tr-, wr-
gr, pr, tr, wr
복습
A 단어를 듣고 첫소리에 표시한 뒤, 나머지 철자와 연결하세요.
☑gr ☐pr
☐gr ☑pr
☑pr ☐tr
☐gr ☑wr
ice
ite
ape
ide
☐pr ☑tr
☑gr ☐pr
☑gr ☐tr
☑tr ☐wr
ill
ap
ee
ass

Answer
정답

▼ 3단계 Unit 1~4 연습 문제 (본문 pp.130~131)

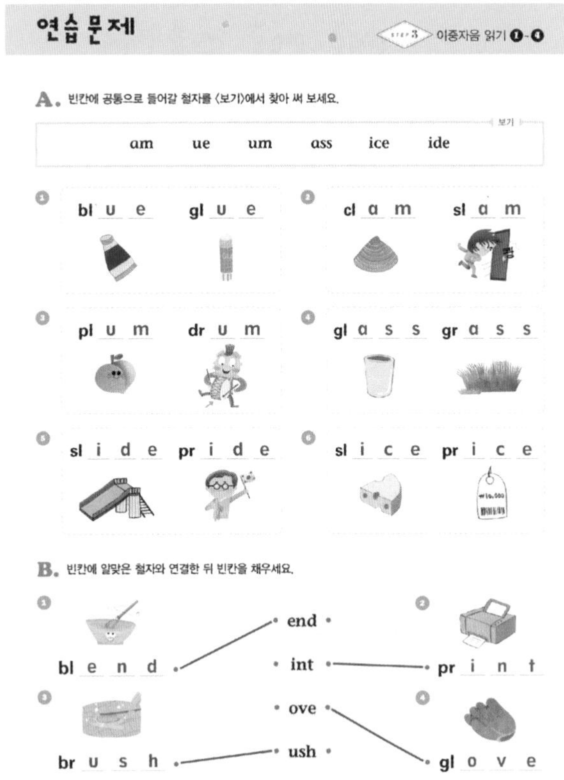

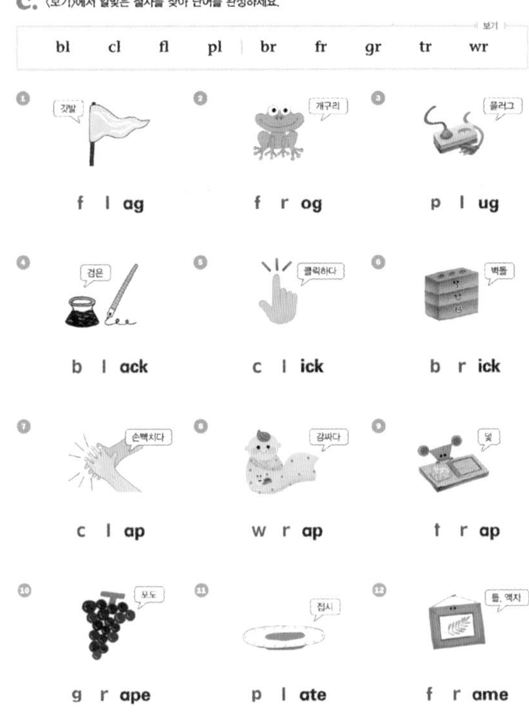

▼ 3단계 Unit 5 복습 (본문 p.135)

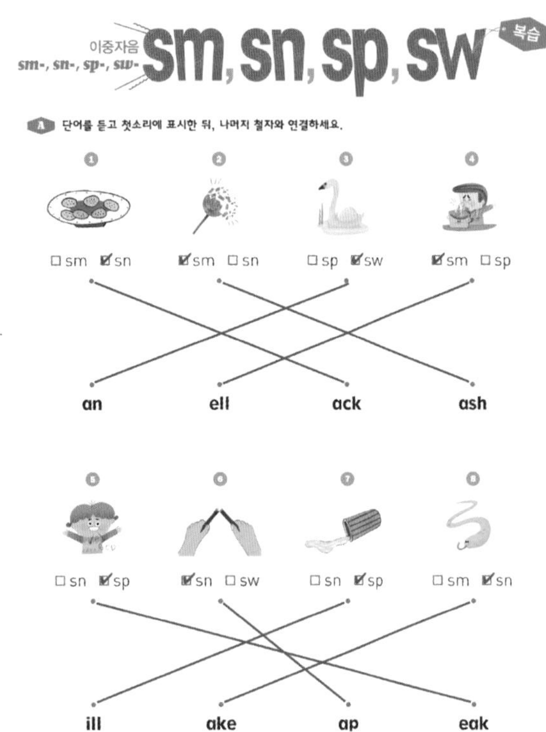

▼ 3단계 Unit 6 복습 (본문 p.139)

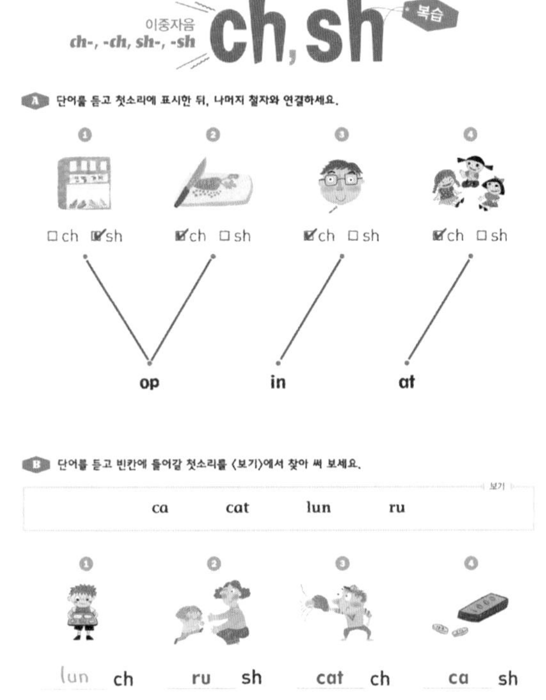

연습 문제

이중자음 읽기 ❶-❹

A. 빈칸에 공통으로 들어갈 철자를 〈보기〉에서 찾아 써 보세요.

보기

| am | ue | um | ass | ice | ide |

❶ bl **u e**　gl **u e**

❷ cl **a m**　sl **a m**

❸ pl **u m**　dr **u m**

❹ gl **a s s**　gr **a s s**

❺ sl **i d e**　pr **i d e**

❻ sl **i c e**　pr **i c e**

B. 빈칸에 알맞은 철자와 연결한 뒤 빈칸을 채우세요.

❶ bl **e n d**　• end

❷ pr **i n t**　• int

❸ br **u s h**　• ove

❹ gl **o v e**　• ush

C. 〈보기〉에서 알맞은 철자를 찾아 단어를 완성하세요.

보기

| bl | cl | fl | pl | br | fr | gr | tr | wr |

❶ 깃발　f **l** ag

❷ 개구리　f **r** og

❸ 플러그　p **l** ug

❹ 검은　b **l** ack

❺ 클릭하다　c **l** ick

❻ 벽돌　b **r** ick

❼ 손뼉치다　c **l** ap

❽ 감싸다　w **r** ap

❾ 덫　t **r** ap

❿ 포도　g **r** ape

⓫ 접시　p **l** ate

⓬ 틀, 액자　f **r** ame

이중자음 **sm, sn, sp, sw** 복습
sm-, sn-, sp-, sw-

Ⓐ 단어를 듣고 첫소리에 표시한 뒤, 나머지 철자와 연결하세요.

❶ □ sm ☑ sn

❷ ☑ sm □ sn

❸ □ sp ☑ sw

❹ ☑ sm □ sp

an　ell　ack　ash

❺ □ sn ☑ sp

❻ ☑ sn □ sw

❼ □ sn ☑ sp

❽ □ sm ☑ sn

ill　ake　ap　eak

이중자음 **ch, sh** 복습
ch-, -ch, sh-, -sh

Ⓐ 단어를 듣고 첫소리에 표시한 뒤, 나머지 철자와 연결하세요.

❶ □ ch ☑ sh

❷ ☑ ch □ sh

❸ ☑ ch □ sh

❹ ☑ ch □ sh

op　in　at

Ⓑ 단어를 듣고 빈칸에 들어갈 첫소리를 〈보기〉에서 찾아 써 보세요.

보기

| ca | cat | lun | ru |

❶ lun **ch**

❷ ru **sh**

❸ cat **ch**

❹ ca **sh**

▼ 3단계 Unit 7 복습 (본문 p.143)

이중자음
-gh, ph-, th-, -th
gh, ph, th
복습
A 단어를 듣고 첫소리와 끝소리를 〈보기〉에서 찾아 순서대로 써 보세요.
보기
첫소리 ph- lau- rou- 끝소리 -gh -oto -one
1 p h o t o
2 l a u g h
3 p h o n e
4 r o u g h
B th가 첫소리인지 끝소리인지 잘 듣고, 〈보기〉에서 글자를 찾아 단어를 완성해 보세요.
보기
th in tee ba ink
1 b a t h
2 t h i n k
3 t e e t h
4 t h i n

▼ 3단계 Unit 8 복습 (본문 p.147)

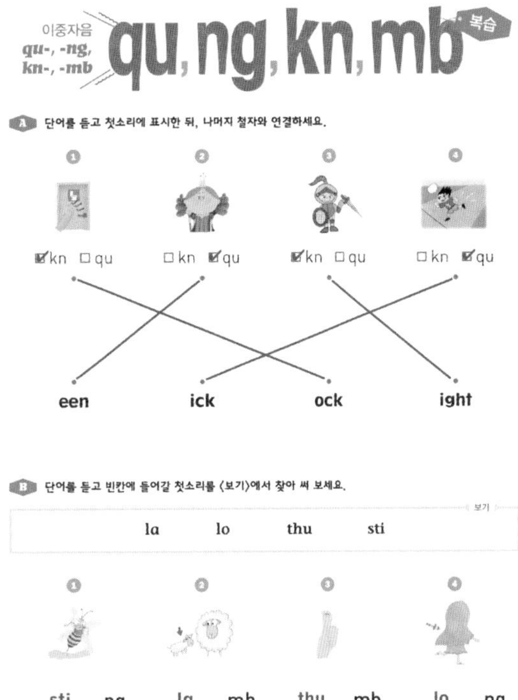

이중자음
qu-, -ng, kn-, -mb
qu, ng, kn, mb
복습
A 단어를 듣고 첫소리에 표시한 뒤, 나머지 철자와 연결하세요.
1 ☑kn □qu
2 □kn ☑qu
3 ☑kn □qu
4 □kn ☑qu
een ick ock ight
B 단어를 듣고 빈칸에 들어갈 첫소리를 〈보기〉에서 찾아 써 보세요.
보기
la lo thu sti
1 sti ng
2 la mb
3 thu mb
4 lo ng

▼ 3단계 Unit 5~8 연습 문제 (본문 pp.148~149)

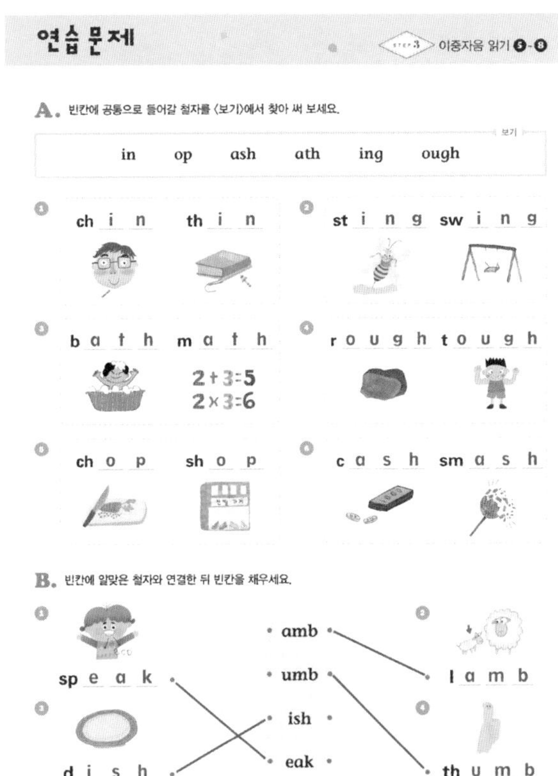

연습 문제
STEP 3 이중자음 읽기 5-8
A. 빈칸에 공통으로 들어갈 철자를 〈보기〉에서 찾아 써 보세요.
보기
in op ash ath ing ough
1 ch i n th i n
2 st i n g sw i n g
3 b a t h m a t h
2+3=5
2×3=6
4 r o u g h t o u g h
5 ch o p sh o p
6 c a s h sm a s h
B. 빈칸에 알맞은 철자와 연결한 뒤 빈칸을 채우세요.
1 sp e a k
2 l a m b
3 d i s h
4 th u m b
amb
umb
ish
eak

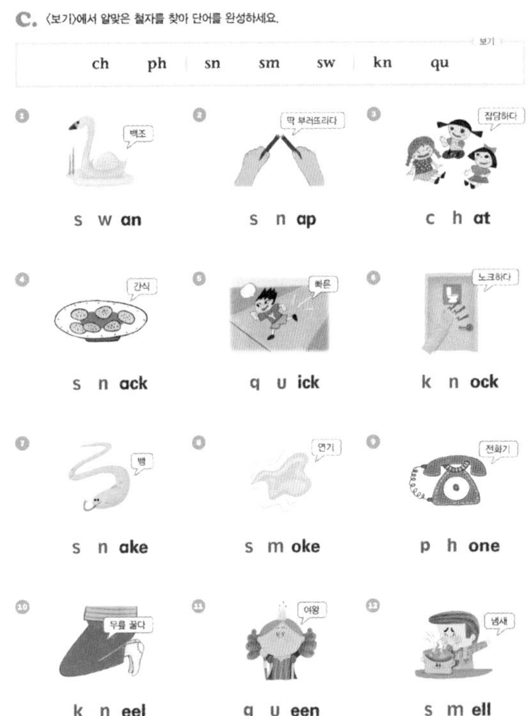

C. 〈보기〉에서 알맞은 철자를 찾아 단어를 완성하세요.
보기
ch ph sn sm sw kn qu
1 백조 s w an
2 딱 부러뜨리다 s n ap
3 잡담하다 c h at
4 간식 s n ack
5 빠른 q u ick
6 노크하다 k n ock
7 뱀 s n ake
8 연기 s m oke
9 전화기 p h one
10 무릎 꿇다 k n eel
11 여왕 q u een
12 냄새 s m ell

Answer
정답

▼ 4단계 Unit 1 복습 (본문 p.159)

이중모음 -ai-, -ay ai, ay 복습
A 단어를 듣고 해당되는 모음에 표시하세요.
1 ☑ai ☐ay
2 ☐ai ☑ay
3 ☑ai ☐ay
4 ☑ai ☐ay
5 ☐ai ☑ay
6 ☐ai ☑ay
B 단어를 듣고 해당되는 단어를 〈보기〉에서 골라 써 보세요.
보기
pray tray spray snail wait rain
1 tray
2 wait
3 pray
4 spray
5 rain
6 snail

▼ 4단계 Unit 2 복습 (본문 p.163)

이중모음 -ea-, -ee- ea, ee 복습
A 단어를 듣고 해당되는 단어를 〈보기〉에서 골라 써 보세요.
보기
tea see seed heel meal seal
1 see
2 seal
3 seed
4 tea
5 heel
6 meal
보기
beak beef leaf read sleep green
7 beef
8 leaf
9 green
10 beak
11 read
12 sleep

▼ 4단계 Unit 3 복습 (본문 p.167)

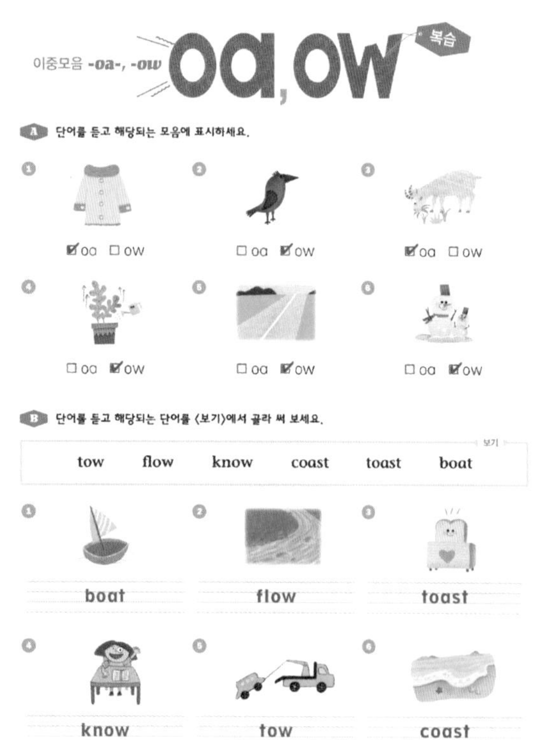

이중모음 -oa-, -ow oa, ow 복습
A 단어를 듣고 해당되는 모음에 표시하세요.
1 ☑oa ☐ow
2 ☐oa ☑ow
3 ☑oa ☐ow
4 ☐oa ☑ow
5 ☐oa ☑ow
6 ☐oa ☑ow
B 단어를 듣고 해당되는 단어를 〈보기〉에서 골라 써 보세요.
보기
tow flow know coast toast boat
1 boat
2 flow
3 toast
4 know
5 tow
6 coast

▼ 4단계 Unit 4 복습 (본문 p.171)

이중모음 -oi-, -oy oi, oy 복습
A 단어를 듣고 해당되는 모음에 표시하세요.
1 ☑oi ☐oy
2 ☐oi ☑oy
3 ☑oi ☐oy
4 ☑oi ☐oy
5 ☐oi ☑oy
6 ☑oi ☐oy
B 단어를 듣고 해당되는 단어를 〈보기〉에서 골라 써 보세요.
보기
oil foil spoil coin moist soy
1 foil
2 soy
3 spoil
4 coin
5 oil
6 moist

▼ 4단계 Unit 1~4 연습 문제 (본문 pp.172~173)

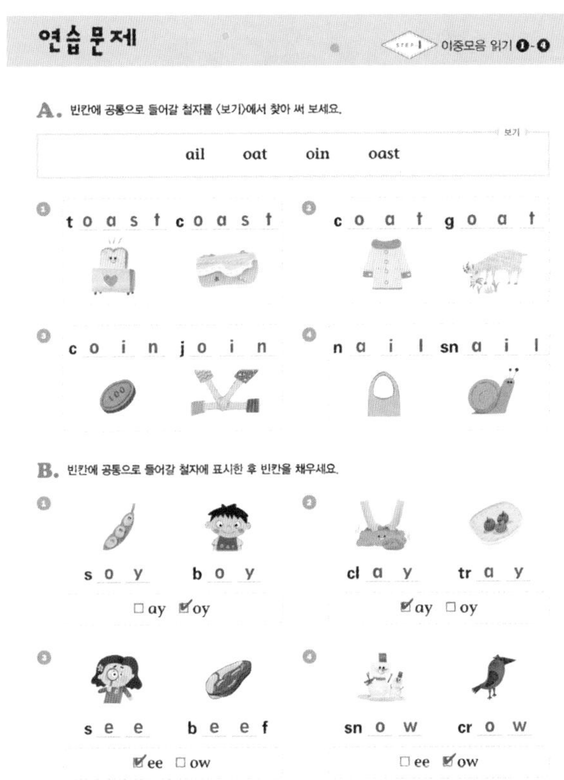

연습 문제
STEP 1 이중모음 읽기 ❶-❹
A. 빈칸에 공통으로 들어갈 철자를 〈보기〉에서 찾아 써 보세요.
보기
ail oat oin oast
❶ toast coast
❷ coat goat
❸ coin join
❹ nail snail
B. 빈칸에 공통으로 들어갈 철자에 표시한 후 빈칸을 채우세요.
❶ soy boy
□ ay ☑ oy
❷ clay tray
☑ ay □ oy
❸ see beef
☑ ee □ ow
❹ snow crow
□ ee ☑ ow

C. 〈보기〉에서 알맞은 철자를 찾아 단어를 완성하세요.
보기
ai ea ee oa oi oy ow
❶ 부리 beak
❷ 보트 boat
❸ 끓이다 boil
❹ 우편물 mail
❺ 촉촉한 moist
❻ 식사 meal
❼ 씨앗 seed
❽ 바다표범, 물개 seal
❾ 흙, 땅 soil
❿ 장난감 toy
⓫ 차 tea
⓬ 끌다, 견인하다 tow

▼ 4단계 Unit 5 복습 (본문 p.177)

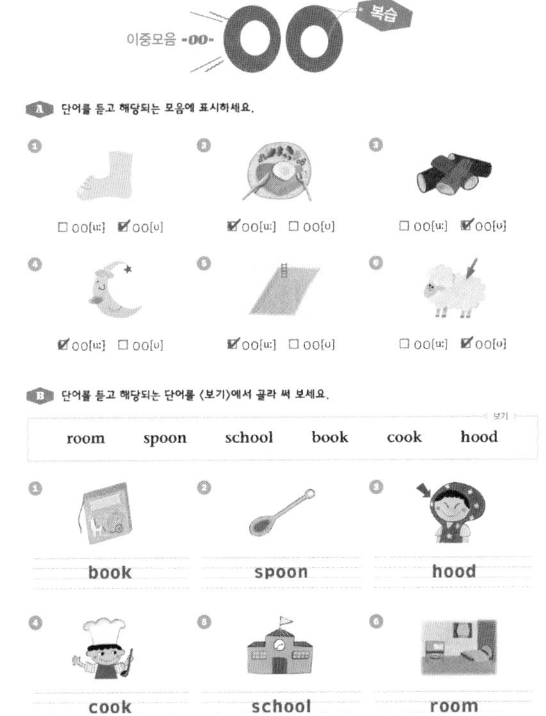

이중모음 -oo- oo 복습
A 단어를 듣고 해당되는 모음에 표시하세요.
❶ □ oo[uː] ☑ oo[ʊ]
❷ ☑ oo[uː] □ oo[ʊ]
❸ □ oo[uː] ☑ oo[ʊ]
❹ ☑ oo[uː] □ oo[ʊ]
❺ ☑ oo[uː] □ oo[ʊ]
❻ □ oo[uː] ☑ oo[ʊ]
B 단어를 듣고 해당되는 단어를 〈보기〉에서 골라 써 보세요.
보기
room spoon school book cook hood
❶ book
❷ spoon
❸ hood
❹ cook
❺ school
❻ room

▼ 4단계 Unit 6 복습 (본문 p.181)

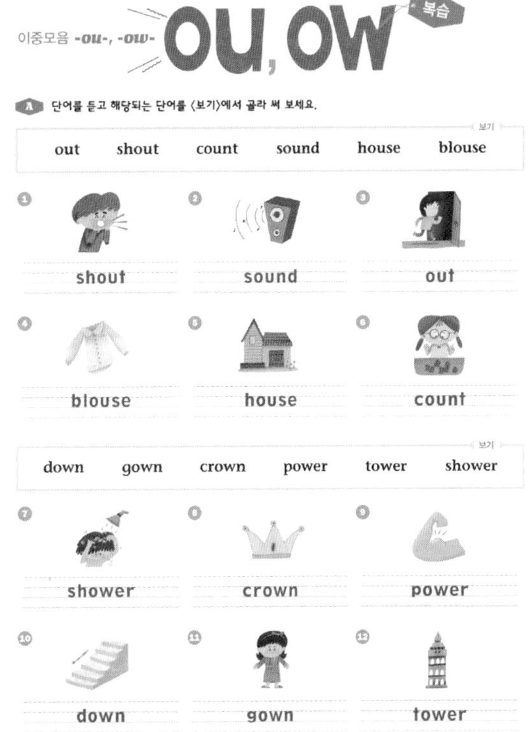

이중모음 -ou-, -ow- ou, ow 복습
A 단어를 듣고 해당되는 단어를 〈보기〉에서 골라 써 보세요.
보기
out shout count sound house blouse
❶ shout
❷ sound
❸ out
❹ blouse
❺ house
❻ count
보기
down gown crown power tower shower
❼ shower
❽ crown
❾ power
❿ down
⓫ gown
⓬ tower

Answer
정답

▼ **4단계 Unit 7 복습** (본문 p.185)

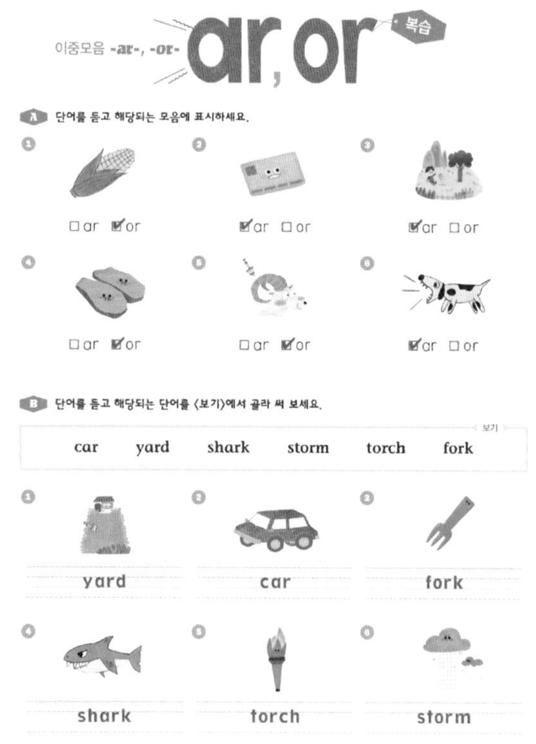
이중모음 -ar-, -or-
ar, or
복습
A 단어를 듣고 해당되는 모음에 표시하세요.
□ar ☑or
☑ar □or
☑ar □or
□ar ☑or
□ar ☑or
☑ar □or
B 단어를 듣고 해당되는 단어를 〈보기〉에서 골라 써 보세요.
보기
car yard shark storm torch fork
yard
car
fork
shark
torch
storm

▼ **4단계 Unit 8 복습** (본문 p.189)

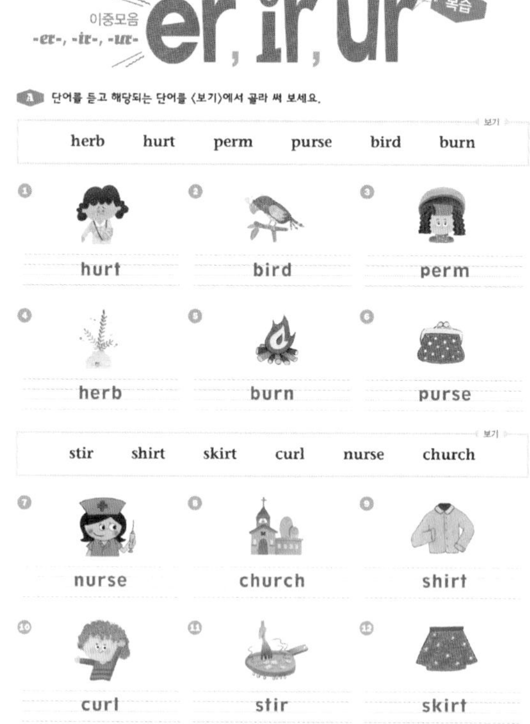
이중모음 -er-, -ir-, -ur-
er, ir, ur
복습
A 단어를 듣고 해당되는 단어를 〈보기〉에서 골라 써 보세요.
보기
herb hurt perm purse bird burn
hurt
bird
perm
herb
burn
purse
보기
stir shirt skirt curl nurse church
nurse
church
shirt
curl
stir
skirt

▼ 4단계 Unit 5~8 **연습 문제** (본문 pp.190~191)

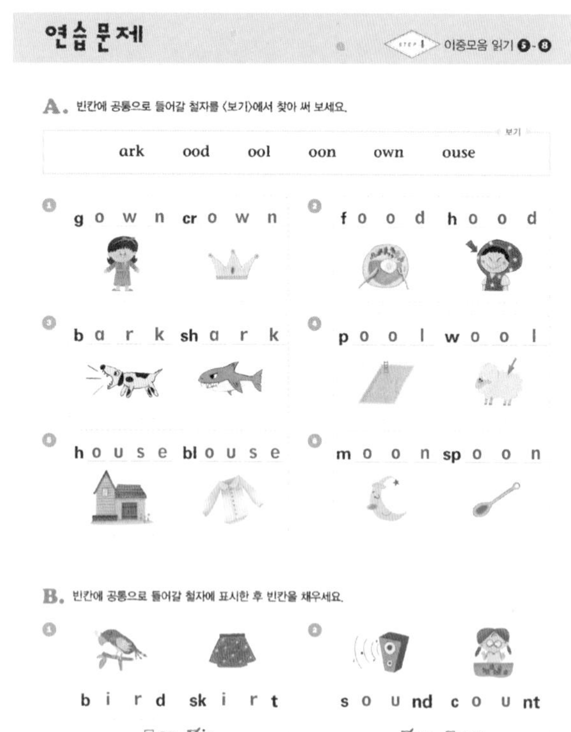
연습 문제
STEP 1 이중모음 읽기 5-8
A. 빈칸에 공통으로 들어갈 철자를 〈보기〉에서 찾아 써 보세요.
보기
ark ood ool oon own ouse
g o w n cr o w n
f o o d h o o d
b a r k sh a r k
p o o l w o o l
h o u s e bl o u s e
m o o n sp o o n
B. 빈칸에 공통으로 들어갈 철자에 표시한 후 빈칸을 채우세요.
b i r d sk i r t
□ar ☑ir
s o u nd c o u nt
☑ou □ow

C. 〈보기〉에서 알맞은 철자를 찾아 단어를 완성하세요.
보기
oo ou ow ar er ir or ur
카드
c a r d
옥수수
c o r n
요리사
c o o k
뿔
h o r n
허브, 약초
h e r b
다치게 하다
h u r t
돼지고기
p o r k
파마
p e r m
지갑
p u r se
샤워
sh o w er
외치다
sh o u t
셔츠
sh i r t